KB190919

프란시스 쉐퍼의 기독교 변증

월드뷰 | 세상을 바로 보는 글 03

프란시스 쉐퍼의 기독교 변증: 카산드라 크로스로 향하는 직행열차
저 자   이상원

발행인   김승욱
편 집   이영진
디자인   이영진
발행처   주식회사 세상바로보기
초판발행   2021년 1월 12일
2쇄 발행   2024년 2월 5일
출판등록   2020년 1월 31일 제 2020-000008호
주 소   서울시 용산구 이촌로2가길 5 르네상스 503호
문 의   전화 02-718-8004 / 010-5718-8404
        E-메일 editor.worldview@gmail.com
홈페이지   http://theworldview.co.kr

ⓒ 2021 이상원
ISBN 979-11-969723-7-0
값 17,000원

프란시스 쉐퍼의 기독교 변증

카산드라 크로스로 향하는 직행열차

이상원 지음

세상바로보기

주식회사 세상바로보기는 성경적 세계관에 기초
하여 삶의 각 분야를 조명하고 교회와 사회를 섬기
는 문서사역을 위해 설립된 출판사입니다. 기독교
세계관 정론지 월드뷰를 매월 발행하고 있으며,
YouTube에서 월드뷰TV를 운영하고 있습니다.

이 책을 프란시스 쉐퍼 강좌에 참여하여
함께 공부한 형제와 자매들에게 헌정합니다.

목차

이상원 교수님에게 가장 힘들었던 2020년이 지나가고 있습니다. 이렇게 퇴직하시면서도 귀한 선물을 우리에게 주시는 이상원 교수님은 참으로 귀합니다. 왜 이 세상과 잘못된 교회와 잘못된 기관들은 항상 이렇게 귀한 분들을 못살게 구는지 모르겠습니다. 그러나 사방으로 우겨쌈을 당해도 참 신자는 오직 삼위일체 하나님에게 의존해서 넉넉히 살아간다는 바울의 말을 이번에 은퇴하시는 이상원 교수님께서 잘 실증해 주십니다. 감사합니다. 어려움 속에서도 잘 견디어 주시고, 그 속에서도 이런 귀한 강의를 하시고, 이 선물을 한국 교회에 주셔서 감사합니다. 사실 이 강의는 교수님께서 어려움 속에 있을 때 그래도 서울중앙지방법원에서 이상원 교수님에 대한 해임은 부당하다고 해임 결정을 정지시킨 후에 행하신 강연입니다.

그러므로 이 강연은 비록 총신대학교에서 한 것은 아니지만, 평생 총신에 있었던 이상원 교수님의 퇴임 강연이라고 해도 과언이 아닙니다. 우리 선생님들의 퇴임 강연을 준비하던 우리들이 스스로 퇴임 강연을 하고 은퇴할 때가 되었다는 것에서 세월의 흐름을 절감합니다. 그런데 어떤 면에서 이 책에는 이상원 교수님의 젊은 시절이 담겨 있다고 할 수 있습니다. 총신대학교 대학부 신학과 학생으로 있을 때 앞으로 신학을 잘 하기 위해서, 친구들과 함께 앞장서서 서양사와 서양 철학을 열심히 공부하던 이상원(당시 학생)은 프란시스 쉐퍼의 글들도 열심히 읽고 흠모하며 그와 같은 일을 하기 원합니다. 2차 세계 대전 후 절망 속에 빠져 있던 유럽의 젊은이들과 사상적으로 깊이 대화하기 위해 스위스로 가서 "피난처"라는 뜻의 "라브리"를 만들고 유럽의 젊은이들과 대화하며 그들을 그리스도에게로 인도하여 함께 그리스도께 온전히 복종하기 원했던 쉐퍼의 라브리 운동, 곧 스위스와 화란과 영국에도 세워진, 그리고 멀리 한국에까지 그 영향력이 미쳐진 이 귀한 일을 높이 사면서, 쉐퍼가 했던 그 일을 이 한국 땅에서도 하기 원했던 것입니다. 문화와 깊이 관여하면서, 결국 예수님의 재림 때까지 이 땅의 문화까지도 변혁하는 노력을 지속해 보려고 하는 문화에 대한 관심, 성경을 깊이 뿌리 내린 진정한 분화 변혁, 사상 변혁 운동, 그것이 이상원과 당시 총신에 다니던 일단의 청년들의 꿈이었습니다.

그 때 나왔던 영화 가운데 하나가 〈카산드라 크로싱〉(Cassandra Crossing, 1977)이라는 숨 막히는 영화입니다. 무고한 사람들을 희생시키려는 여러 세력들에 대항해서 인간을 구하려고 노력하는 이 재난 영화를 보았던 기억이 이상원 교수님으로 하여금 오늘날 상황이 전염병에 노출된 열차를 카산드라 크로스로 가게 하여 파멸시키려는 세력들의 유도와 유사하다고 느끼게 한 것 같습니다. 그래서 이 책의 제목이 나왔습니다. 〈카산드라 크로스로 향하는 직행열차〉, 청년 이상원을 연상시키는 제목입니다.

여기에 이상원 교수님처럼 쉐퍼에게서 도전받고 세계관 운동에 열심인 미국의 낸시 피어시(Nancy Randolph Pearcey, 1952~)의 진리에 대한 논의를 연결시켜 소개하는 일도 하므로 청년 이상원과 21세기 원숙한 교수로서의 이상원이 함께 교차합니다. 쉐퍼의 운동은 20세기 중반에만 할 일이 아님을 미국과 한국에서 그리고 온 세상에서 잘 드러내는 것입니다.

이 귀한 선물에 참으로 감사하는 길은 이 귀한 책을 열심히 읽고, 우리들 모두가 더 성경에 충실해져서 이 세상 사상이 나아가는 방향이 무엇인지를 정확히 알고 분석하며, 이 세상의 여러 사상을 쳐서 그리스도에게로 복종하게 하는 그 일을 지속해 가는 것일 것입니다. 그런 뜻에서 이 책 읽기를 모든 분들에게 추천합니다.

어려움을 잘 극복하시고 총신대학교를 퇴임하시는
귀한 선배 이상원 교수님의 퇴임을 축하드리면서
이승구 (합동신학대학원대학교 조직신학교수)

2020년 코로나19로 인해 전 세계는 유례없는 상황을 겪었습니다. 그래서 사회는 강도 높은 사회적 거리 두기, 집합제한 및 금지 명령, 비대면 형태로 변화했습니다. 그런데 이런 물리적인 변화보다 더 크고 중요한 변화들이 있었습니다. 차별금지법 제정시도, 낙태법 폐지, 영아 살해문제, 안락사, 환경오염, 전체주의적 사상 등이 정치와 행정, 교육과 법체계를 변화시키고 있습니다. 이런 현실 가운데 기독교인들이 어떤 준비와 기준을 가지고 변화하는 세대를 대처해야 하는지에 대한 고민을 하게 됩니다. 이런 고민을 우리보다 먼저 한 학자가 있습니다. 그는 프란시스 쉐퍼입니다. 그래서 쉐퍼의 기독교 변증은 우리에게 매우 유익합니다.

하지만 쉐퍼의 저서들은 분량도 상당하고 다양한 주제를 다루고 있어 쉽게 파악하기에 어려움이 있습니다. 그런데 이 책에서 이상원 교수님은 쉐퍼의 사상에 대해서 정리하고 그의 전집의 핵심적인 내용을 잘 조직하여서 알려주십니다.

이 책은 프란시스 책을 중심으로 합니다. 크게 두 가지 큰 이점이 있습니다. 첫째, 이 책은 마치 어려운 과목을 친절하게 지도해주는 과외교사와 같은 책입니다. 쉐퍼 책을 읽다가 자칫 내용을 오해하고 요지를 놓칠 수도 있습니다. 프란시스 전집을 읽어 본 사람이라면 누구나 드는 생각은 쉐퍼가 중요한 주제들에 대해서 제시하지만, 항상 그 주제에 대해서 간략하게 설명할 뿐 더 길게 설명하지 않는다는 것입니다. 이 책은 그런 쉐퍼의 저술 방식이 더 나아가면 "추상적인 변증"과 "추상적인 철학"이 될 수 있기 때문이며, 자신의 작업이 복음 전도에 유익을 줄 수 있는 것까지만 한다는 그의 요점들을 잘 짚어서 알게 해줍니다.

둘째, 이 책은 프란시스 쉐퍼의 약전에서 출발하여 쉐퍼 전집을 정리하고 쉐퍼의 사상을 한 층 더 발전시킨 낸시 피어시까지 다룹니다. 그래서 쉐퍼의 사상이 사회적 상황에서 어떻게 시작되었고 발전되었으며 현장의 실천까지 갔는지 그 흐름을 한눈에 보게 합니다. 그리고 피어시는 쉐퍼가 제시한 기독교 세계관을 학문적으로 정교하게 다듬고 심화시켜서 기독교인들이 취해야 할 기독교적 세계관의 방향을 제시한 내용까지 충실하게 정리되어 있고 그 요지를 분명히 알게 합니다.

그래서 이 책은 우리의 현재 모습에서 성경과 반대되는 철학, 사상들이 어떻게 생겨났고 어디로 우리를 이끌고 가고 있는지 알게 합니다. 그리고 반성경적인 세계관의 결말이 무엇인지 분명히 경고하고 있습니다.

저는 이 책을 교회를 섬기고 있는 사역자들과 직분자들에게 추천합니다. 특히 매일 세상적 가치관의 도전 속에서 고민할 수밖에 없는 청년들과 중고등학교 학생들, 주일학교 교사들에게 추천합니다. 아니 어쩌면 이 시대를 살아가는 그리스도인이라면 반드시 읽어야 할 책이라고 용기 있게 말할 수 있습니다. 뉴노멀 시대에 이 책으로 프란시스 쉐퍼의 사상과 윤리에 대한 핵심 개념을 잘 이해한다면 지금 한국이 당면한 문제들에 대해서 성경적인 분명한 기준들을 세울 수 있고 그리스도인들이 나아가야 할 방향에 대한 많은 지혜를 얻게 될 것입니다.

주상현 (안양영광교회 담임목사)

어떤 고성능 열차가 천혜의 절경이 있는 목적지를 향해 달리고 있습니다. 이 기차 앞에는 두 개의 다른 길이 나타났습니다. 하나는 깊은 계곡을 가로지르는 철교를 건너는 지름길이고 다른 하나는 멀리 우회하여 돌아가는 철길입니다. 철교를 건너는 길은 매우 빠른 길이지만 녹슬어 붕괴되기 직전의 철교, 곧 카산드라 크로스가 있는 길입니다. 멀리 우회하는 길은 시간은 걸리지만 탄탄하고 안전한 철길입니다. 카산드라 크로스는 극히 위험한 철교이므로 건너려고 해서는 안 된다는 경고판이 붙어있습니다. 그런데 이상하게도 열차는 카산드라 크로스로 향하고 있고, 승객들은 열차의 성능, 열차내의 최고급 인테리어, 천혜의 절경에 마음이 빼앗긴 채 즐겁고 들뜬 마음으로 여행을 만끽하고 있습니다.

현대인이 바로 이 열차를 타고 여행하는 중입니다. 이 열차는 첨단의 의료기술, 생명공학, 인터넷, AI, 성해방이라는 고성능 운행기술과 화려한 인테리어를 장착한 첨단열차입니다. 이 열차 앞에는 태아 및 영아살해, 안락사, 에이즈와 성병과 치명적인 각종 질병이 뒤따르는 성문란, 가정과 도덕의 붕괴, 인간성 파멸 등으로 녹슬어 붕괴되기 직전의 카산드라 크로스가 기다리고 있는 빠른 길과 계곡을 우회하여 멀리 돌긴 하지만 안전하고 탄탄한 철길이 있습니다. 그런데, 이 열차는 카산드라 크로스가 있는 길로 직진하는 중입니다. 산꼭대기에서 내려다보는 등산객의 눈에는 이 광경이 너무나 선명하게 보이는데 열차 안에서는 전혀 감을 잡지 못합니다.

성산생명윤리연구소 이명진 소장님과 다양한 대화를 나누는 중에 생명윤리의 영역뿐만 아니라 현대의 유물론 문화라는 화려해 보이는 열차를 타고 여행하고 있는 현대인들이 자기들이 탄 열차가 카산드라 크로스를 향하고 있다는 사실을 모르고 있다는 사실에 공감을 할 수 있었고, 이 열차가 얼마나 위험한 여행을 하고 있는가를 긴급하게 알려 주고, 어느 철길로 가야 안전한 여행을 할 수 있는가를 말해 주어야 한다는 인식에도 의견을 같이 할 수 있었습니다. 이것이 작년 6월부터 시작하여 11월까지 다섯 번에 걸쳐서 프란시스 쉐퍼(Francis Schaeffer)의 기독교적 세계관 강좌를 진행했던 이유입니다. 쉐퍼는 20세기의 산꼭대기에 서서 2,000년 동안의 긴 세계지성사라는 열차가 어떤 위험한 카산드라 크로스를 향하여 나아가고 있는가를 거시적인 안목에서 예리하게 분석하여 경고를 발함과 동시에 현대문화가 안전하게 나아갈 수 있는 안전하고 탄탄한 우회로가 어디에 있는가를 명확하게 제시한 탁월한 기독교철학자이자 변증가입니다.

이 책의 내용은 2019년 성산생명윤리연구소 주최로 서울역 안에 있는 공항철도 제1회의실에서 다섯 번에 걸쳐서 진행한 강의안을 정리한 것입니다. 첫 번째 장은 쉐퍼의 약전을 소개하고 있는데, 이 약전은 2007년에 출간한 본인의 저서 〈프란시스 쉐퍼의 기독교 세계관과 윤리〉(서울: 살림, 2007(2쇄))의 제2장, "진리의 증거와 실천에 헌신한 생애"를 대폭 수정하고 보완하여 확대한 것입니다. 두 번째 장은 서구 지성사에 대한 쉐퍼의 통시적 분석과 서구의 이방사조들을 대체하는 기독교 세계관의 패러다임을 다룬 장으로서 〈프란시스 쉐퍼의 기독교 세계관과 윤리〉의 제4장, "삶의 통합점을 상실한 시대"와 제5장, "인격적이고 무한하신 하나님과 인간"을 모체로 하면서 대폭 수정 보완한 것입니다. 세 번째 장은 그리스도인의 개인적인 경건생활과 교회생활을 다룬 장으로서 〈프란시스 쉐퍼의 기독교 세계관과 윤리〉의 제6장, "성령의 능력 안에 있는 그리스도인의 삶"과 제7장, "진리와 사랑을 실천하는 교회"를 모체로 하고 있습니다. 네 번째 장은 쉐퍼의 생명윤리, 정치윤리, 환경윤리를 다룬 장으로서, 〈프란시스 쉐퍼의 기독교 세계관과 윤리〉의 제8장, "유물론과 생명윤리", 제9장, "법의 진정한 토대", 제10장, "자연은 아름다운 하나님의 동료 피조물"을 모체로 하고 있습니다. 다섯 번 째 장은 전적으로 새로운 내용을 소개한 장으로서, 쉐퍼의 사상을 충실하게 계승하고 심화하며 확대시키고 있는 낸시 피어시(Nancy Pearcey)의 서구 지성사 분석과 진화론 비판을 정리하여 소개하고 있습니다. 필자의 목적은 이 책을 통하여 독자들이 쉐퍼와 피어시의 사상의 커다란 윤곽을 파악한 후에, 이 두 거장들이 쓴 원작들, 곧 프란시스 쉐퍼의 다섯 권의 전집과 피어시의 주저들을 직접 읽음으로써, 현대문화 전체에 대한 거시적이면서도 심층적인 분석능력을 익히고, 기독교적 세계관의 틀 안에서 왜곡된 현대문화를 수정하고 나아가야 할 바른 방향을 제시할 수 있는 능력을 갖추도록 하는 데 있습니다.

코로나 사태로 바쁘고 힘든 일정 중에도 제1기 쉐퍼 강좌를 준비하고 진행할 뿐만 아니라 강좌의 내용을 책으로 출간하는 것을 적극적으로 후원해 주신 이명진 소장님께 감사를 드리며, 강좌 진행을 위하여 헌신하신 주상현 목사님, 고두현 집사님, 윤정훈, 전진영 선생님께 감사를 드리며, 강좌에 참여하여 함께 기도하고 고민하고 공부하고 토론하는 일에 힘썼던 귀중한 동역자들에게 깊은 감사를 전합니다. 아울러 이 책의 출간을 흔쾌하게 허락해 주신 〈월드뷰〉의 김승욱 교수님께 고마움을 표하며, 책을 아름답게 디자인하고 편집하고 교정하는 일에 힘써 주신 이영진 교수님, 김정경 간사님과 손혜인 간사님께도 감사를 표합니다. 특히 바쁜 일정 중에도 기독교 세계관 분야에 정통한 전문가이신 이승구 교수님과 주상현 목사님께서 좋은 추천사를 써 주셔서 감사드립니다.

마지막으로 저의 해임사태로 일 년간 깊은 고난의 바다를 건너야 하는 어려운 시기를 잘 견뎌준 아내 조혜경과 세 딸 진희, 윤희, 현희와도 출간의 기쁨을 함께 하고자 하며, 어려운 시절 재정적인 후원까지도 아끼지 않았던 〈월드뷰〉의 편집위원님들과도 출간의 기쁨을 함께 나누고자 합니다. 감사합니다.

2021년 1월
이상원 씀

A Through Train to Cassandra Cross

프란시스 쉐퍼 약전

01
Chapter

프란시스 쉐퍼(Francis Schaeffer)는 한편으로는 말을 통한 진리의 변증과 증거를 강조함과 동시에 삶 속에서의 진리의 실천을 강조한 복음 전도자이자 기독교 변증가였다. 사역의 초기와 중기에 서구문화에 대한 지성사적 분석과 기독교 진리에 대한 이론적 변증에 주력했던 쉐퍼는 사역 후기에는 낙태, 영아살해, 안락사, 환경오염, 왜곡된 전체주의적 정치체제와 법체계에 대한 적극적인 항의와 비판의 일선에 나섰다. 쉐퍼의 생애의 역사적인 전개과정 그 자체가 진리는 말을 통하여 증거 되어야 할 뿐만 아니라 삶의 모든 영역에서 실천되어야 한다는 쉐퍼의 신념을 잘 녹여 내고 있다.

회의주의자에서 기독교인으로

쉐퍼는 1912년 1월 30일 미국 펜실베니아의 저먼타운(German-town)에서 독일계 미국인 부모였던 프란시스 어거스트 쉐퍼3세(Francis August Schaeffer III)와 베시 윌리암슨 쉐퍼(Bessie Williamson Schaeffer) 슬하에서 외아들로 태어났다. 저먼타운은 독일과 네덜란드의 재세례파 종파인 멘노나이트파(The Mennonites)가 이민 와서 정착한 곳으로서, 현대문명의 혜택을 거부하고 단순하고 소박한 삶을 영위하는 아미쉬 마을이 지금도 운영되고 있는 곳이다. 아미쉬 마을은 "위트니스"라는 영화를 통하여 우리에게 잘 알려져 있다. 그러나 멘노나이트파와 쉐퍼가 종교적이거나 사상적인 연결고리가 있는 것은 아니다.

쉐퍼의 아버지는 루터교인이었고, 어머니는 자유주의적인 성향을 가진 교회에 출석했다. 쉐퍼의 아버지 쉐퍼3세는 초등학교 교육밖에 받지 못한 채 어려서부터 일찍이 목수 일을 하여 생계를 꾸려가야 했다. 쉐퍼3세의 아버지, 곧 쉐퍼의 할아버지가 사고로 일찍이 소천하여 가정형편이 어려워졌기 때문이다. 쉐퍼가 출생할 때 출생을 도왔던 의사는 당시술에 취한 상태였었는데, 출산과정에는 문제가 없었으나, 출생신고를 하는 것을 깜빡 잊었다. 이 사실은 35년 뒤 쉐퍼가 외국으로 나가려고 했을 때 출생증명서가 없다는 사실이 확인되면서 알게 되었다. 다행하게도 쉐퍼의 어머니가 그때까지 살아계셔서 쉐퍼의 출생일을 증언할 수 있었다.

집안이 가난하여 아버지의 목수 일을 돕던 쉐퍼는 루스벨트 중학교에 진학한 이후에도 아버지를 도와 가정의 생계를 도울 목적으로 목공과 공예 과목을 선택했다.

쉐퍼는 중학교에서 공부할 때 리디 벨이라는 여자 미술 선생님의 영향을 받아 미술에 관심을 갖게 되었고, 그 이후 평생 미술에 매료된 채 살았다. 쉐퍼는 서양 미술에 대한 분석을 통하여 서양사상의 변천 과정을 탁월하게 짚어내고 있는데, 이와 같은 쉐퍼의 탁월한 미술적인 소양은 중학교 때부터 시작되었다.

1차 세계 대전이 끝난 후 소년 쉐퍼는 케이프 메이 포인트 근처의 바닷가에 올려놓은 낡은 배 안에 들어간 일이 있었다. 이 배의 선체는 날카로운 각도로 기울어져 있었다. 배 안에 있다가 문을 통해 밖을 내다보면 바다가 비스듬히 보였고, 그 순간 외부 세계에 관한 기존의 사실들이 모두 무너질 것만 같았다. 이 경험은 쉐퍼에게 사람이 어떤 관점에서 세계를 보느냐에 따라 세계가 달리 보인다는 사실을 깨닫게 했다. 이 경험은 사람이 어떤 세계관과 전제를 가지고 있는가에 따라서 진리에 대한 인식과 삶에 임하는 태도가 달라진다는 쉐퍼의 사상 발전의 단초가 되었다.

저먼타운에 있는 고등학교에 진학한 쉐퍼는 이 도시에서 개최된 전기 박람회에 참석했다가 우연히 차이코프스키의 '1812년 서곡'의 연주를 듣고 깊은 감명을 받았다. 며칠 뒤에 라디오를 틀었을 때 같은 곡이 연주되었다. 이 일을 계기로 쉐퍼는 고전음악에 빠져들기 시작했고 평생 고전음악을 즐겨들었다. 고전음악에 대한 쉐퍼의 식견은 후일 음악을 통하여 서구 지성사의 흐름을 짚어낼 수 있을 정도로 발전했다.

가난에 시달렸던 쉐퍼는 고등학교에 들어간 후에도 생선가게에서 일하기도 하고, 정육점에서 일하기도 하고, 증기 보일러의 때를 벗기는 일을 하기도 했다. 막 노동을 하면서 인생에 회의를 느끼기도 했다. 이때 쉐퍼의 인생을 바꾸어 놓을 돌파구가 열리는 일이 찾아 왔다. 주일학교 선생님이 쉐퍼에게 망명한 러시아 백작이 영어를 읽을 수 있도록 도와주는 아르바이트를 소개해 주었다. 쉐퍼는 서점에 가서 영어 초보를 가르칠 수 있는 책을 주문했는데, 책방 주인의 실수로 그리스 철학에 관한 책이 집으로 배달되었다. 호기심이 발동한 쉐퍼는 이 책을 읽기 시작하고 철학에 대한 사랑과 관심을 갖기 시작했다. 그 이후 쉐퍼는 철학서들을 비롯하여 서양의 고전들을 두루 읽기 시작했다. 그러나 쉐퍼는 철학서들을 읽으면서 인생의 문제에 대한 해답을 얻기보다는 의문이 더 많이 생기는 것을 느꼈다.

쉐퍼는 이 당시 신학적 자유주의의 영향 아래 있는 제일장로교회(First Presbyterian Church)에 출석했다. 쉐퍼는 교회에서도 철학서들을 읽을 때와 동일한 경험을 했다. 교회에서 행하는 설교를 통하여 인생의 문제에 대한 해답을 얻게 되는 것이 아니라 오히려 의문이 쌓여 간 것이다. 쉐퍼는 불가지론자(agnostic)가 되었다. 쉐퍼는 자유주의의 영향을 받은 교회가 제시하는 성경 해석 안에 자신이 철학서를 읽을 때 발견했던 내용, 곧 계몽주의에서부터 시작된 자율적인 철학이 들어 있다는 사실을 발견했다.

쉐퍼는 고대 그리스 사상을 맛보았으므로 성경도 한번 읽는 것이 공평하다고 생각하고 18세가 되던 1930년 6개월간에 걸쳐서 성경 전권을 통독했다. 이때 6개월 단위로 성경을 통독하는 습관이 시작되었는데, 쉐퍼는 이 습관을 일생 동안 철저하게 지켰다. 쉐퍼는 성경을 통독한 후에 모든 인생과 세계의 문제들이 성경이 제시하는 통일된 사상체계에 의하여 마치 실타래가 풀려가듯이 다 해결 된다는 사실을 발견하고, 그리스도와 기독교 신앙에 자신을 맡겼다. 이후 쉐퍼는 복음주의 교회로 옮겨 교회 생활을 하면서 복음적인 기독교인의 길을 걷기 시작했다. 이 무렵의 깨달음이 후일 쉐퍼의 기독교철학사상 혹은 기독교적 세계관을 집대성한 3부작으로 알려진 〈이성에서의 도피〉 *Escape from Reason*, 〈거기 계시는 하나님〉 *The God Who Is There*, 〈거기 계시며 말씀하시는 하나님〉 *He Is There and He Is Not Silent* 의 씨앗이 되었다.

신학교육

1930년 6월에 고등학교를 졸업한 쉐퍼는 일자리를 찾았으나 대공황이 진행되는 시기였기 때문에 일자리를 구할 수 없었다. 쉐퍼는 우울한 나날을 보내야 했다.

1930년 8월 19일에 쉐퍼는 저먼타운 중심가의 공터에 쳐 놓은 천막에서 나는 찬송 소리에 끌려 천막집회에 참석했다. 이 집회는 마약과 범죄 때문에 감옥에 갔다가 누군가가 건네준 성경을 읽고 기독교인이 된 후에 출소할 때는 "걸어 다니는 성경"이라는 별명을 얻은 앤토시 지올리 (Anthony Zeoli)가 인도하는 간증 집회였다. 지올리가 전하는 복음을 들은 쉐퍼는 지올리가 전하는 복음이 자신이 성경에서 발견한 내용과 일치한다는 사실을 확인했다. 설교자가 '주께 헌신하는 삶을 살기 원하는 자는 앞으로 나오라'는 초청을 했을 때 쉐퍼는 앞으로 나가 자신의 전 생애를 그리스도께 드리기로 결단했다. 사실상 사역자로서의 쉐퍼의 삶이 시작된 것이다.

그러나 쉐퍼는 가정경제를 도와야 한다는 생각 때문에, 또 자식으로서의 도리를 다하기 위하여, 1930년 9월에 드렉셀 전문학교에 등록했다. 쉐퍼는 목사의 소명을 느끼기도 했으나 그 길을 가면 아버지가 반대할 것이 뻔했기 때문에 실행을 못하고 있었다. 쉐퍼의 아버지 쉐퍼3세는 목사를 일을 하지 않는 기생충 같은 존재로 생각했고, 아들이 손노동을 하면서 살아야 한다고 생각하고 있었다. 쉐퍼는 목사가 되겠다는 말을 꺼내는 순간 아버지가 의절하겠다고 위협할 것을 알고 있었다. 쉐퍼는 드렉셀 전문학교의 야간부를 다니면서 주간에는 일을 했다. 쉐퍼는 증폭기의 부품생산 공장에서 일하기 시작했으나 고위직의 횡포 때문에 여직공들이 시작한 파업에 참여했다가 4주 만에 해고당했고, 그 후에는 식료품 배달을 하면서 여러 달을 지내기도 했다. 고민을 거듭하던 쉐퍼는 목사의 길을 가기로 다짐하고 아버지 몰래 준비 작업을 시작했다. 쉐퍼는 드렉셀 전문학교 야간부에서 센트럴 고등학교 야간부로 옮겨서 라틴어와 독일어를 집중적으로 공부했다.

쉐퍼는 목회자 예비과정을 개설하고 있었던 버지니아주 소재 햄프덴-시드니 대학(Hampden-Sydney Collge)으로 진학하기로 결정했다. 쉐퍼는 1931년 여름에 집을 떠나기로 결심했다. 버지니아로 떠나는 날 새벽에 아버지 쉐퍼3세는 아들 쉐퍼가 목사가 되는 것을 원하지 않는다는 의사를 밝힘으로써 최후통첩을 했다. 쉐퍼는 지하실로 내려가 하나님께 절박한 마음으로 기도했다. 쉐퍼는 동전을 던져서 앞면이 나오면 아버지의 반대를 무릅쓰고 가겠다고 기도한 후에 동전을 던졌는데 앞면이 나왔다. 쉐퍼는 마음이 흡족하지 않아 다시 동전을 던져서 이번에는 뒷면이 나오면 햄프덴-시드니로 떠나겠다고 기도한 후에 동전을 던졌는데, 이번에는 뒷면이 나왔다. 쉐퍼는 울면서 하나님께 제발 참아 달라고 기도하면서 이번에 동전의 앞면이 나오면 반드시 가겠다고 기도하고 동전을 던졌는데, 이번에는 앞면이 나왔다. 마침내 쉐퍼가 아버지에게 "저는 가야만 합니다"라고 하고 말을 하자 아들을 노려보던 아버지 쉐퍼3세는 문을 꽝하고 세차게 닫고 나가면서 "첫 학기 등록금은 내가 대 주마"하고 소리치셨다. 후일 아버지 쉐퍼3세도 신앙을 갖게 되었고 아들의 결단을 이해해 주었다.

햄프덴-시드니 대학교는 유니온 신학교와 신학교 예비과정으로서의 대학 교양학부로 구성된 대학이었는데, 유니온 신학교가 독립된 캠퍼스를 마련하여 나가고 대학 교양학부 과정만을 개설하고 있었던 유서 깊은 단과대학이었다. 이 학교의 신학은 이미 자유주의화가 되었으나 총장, 교목, 성경 교수가 정통신앙을 가지고 있어서 쉐퍼는 이들로부터 성경을 연구하는 법을 터득했다.

햄프덴에서 쉐퍼는 신학 예비학문으로서의 철학을 전공했다. 대학 시절 쉐퍼는 철학 교수였던 데니슨 모리스 앨런(Dennison Maurice Allen)의 깊은 영향을 받았다. 후일 앨런은 신정통주의 사상에 헌신했고, 쉐퍼는 신정통주의 비판의 선봉에 서는 등 서로 갈 길은 달리했으나, 앨런은 쉐퍼의 지적인 작용을 자극하는 중요한 역할을 했다. 쉐퍼는 대학에 다니는 동안 기독학생연합회 회장으로 대학생 전도를 위하여 적극적으로 활동했고, 4년 동안 학교 근방에 있던 아프리카계 미국인들로 구성된 시골교회인 머시 시트(Mercy Seat)교회의 주일학교에서 아이들을 가르쳤다. 공부를 열심히 한 쉐퍼는 1935년 6월에 4년간 전 과목을 A학점을 받고 최우등(magna cum laude)의 성적으로 대학을 졸업했다.

햄프덴-시드니 대학에 들어간 지 1년쯤 되었을 때 그의 아내가 될 중국내지선교회(China Inland Mission) 소속 선교사의 딸인 에디스 세빌(Edith Seville)을 만났다. 중국내지선교회는 두 가지 원칙을 고수했다. 하나는 필요한 기금마련을 위하여 광고를 하지 않고 오직 주님을 믿는 믿음으로 해결한다는 것이었고, 다른 하나는 중국어를 배우고 중국의 복장과 문화에 적응하는 법을 강조하는 것이었다. 이 두 가지 원칙은 후일 쉐퍼부부의 사역의 방법을 결정하는 데 큰 영향을 끼치게 된다. 쉐퍼부부는 사역을 하는 데 필요한 기금을 인위적으로 모금한 일이 없다. 또한 쉐퍼가 현대인의 문화를 주의 깊게 경청하는 태도를 평생 견지한 것은 에디스의 영향을 받은 것이었다.

에디스는 1932년 6월에 고등학교를 졸업하고, 같은 달 26일에 자유주의 계통에 있는 제일장로교회 청년부 모임에 참석했다. 에디스의 부모는 자유주의 신학의 위험성과 세속적인 삶의 함정을 자세하게 에디스에게 주지시켰다. 에디스는 학교에서도 부모님의 말씀을 유념하면서 보수적이고 복음주의적인 신자로서 행동했다. 학교 선생님과는 진화론을 비판하는 입장을 밝히면서 논쟁하기도 했다.

어느 날 쉐퍼는 자유주의적 강의에 대항하여 싸울 목적으로 교회 청년부 모임에 참석했다. 강사는 유니테리언 교회에 가입한 일이 있는 에드

블룸(Ed Bloom)이었는데, 그의 강의 제목은 "나는 예수가 하나님의 아들이 아니라는 것과, 성경이 하나님의 말씀이 아니라는 것을 어떻게 아는가?"였다. 강의를 듣던 에디스가 벌떡 일어나 반박하려는 순간, 쉐퍼가 간발의 차이로 먼저 일어나 예수가 자신의 인생을 바꾸어 놓은 자신의 구원자임을 알고 있다고 반박했다. 이어서 에디스가 일어나 아버지를 통하여 알게 된 웨스트민스터의 보수신학자 그레샴 메첸(Gresham Machen)과 로버트 윌슨(Robert D. Wilson) 등의 글을 인용하면서 블룸을 비판했다. 이 일을 계기로 쉐퍼와 에디스는 단번에 서로에게 호기심을 갖게 되었고, 집회가 끝난 후 친구의 소개로 만났다. 쉐퍼는 에디스에게 집에 데려다 주어도 되겠느냐고 물었다. 에디스는 마침 친구와의 약속이 있다고 대답하자 쉐퍼가 다짜고짜로 "취소해 버려!"라고 단호하게 말하였다. 아마도 "용감한 자가 미인을 얻는다"는 원리를 알고 있었던 것 같았다. 에디스는 당돌한 쉐퍼의 말을 듣고 얼떨결에 친구와의 약속을 취소하고 쉐퍼와의 만남을 승낙해 버렸다. 이로써 쉐퍼가 햄프던-시드니에서 3년간 더 공부하는 동안 거의 매일 편지를 쓰다시피 한 연애가 시작되었다. 쉐퍼와 에디스는 메첸이 쓴 자유주의 신학 비판서 〈기독교와 자유주의〉 *Christianity and Liberalism* 를 함께 읽기도 했다. 에디스는 쉐퍼를 만난 해인 1932년 가을에 필라델피아에 있는 명문대학인 비버 칼리지(Beaver College)에서 가정학 공부를 시작했다. 쉐퍼는 햄프던-시드니 대학을 졸업하자마자 1935년 6월 26일에 에디스와 결혼했다. 에디스는 결혼한 후 쉐퍼가 신학교 진학을 계획하자 쉐퍼를 지원하기 위하여 4학년 과정 공부를 보류하기로 결정했다.

쉐퍼는 1935년 9월에 정통 개혁주의 신학교인 웨스트민스터 신학교

(Westminster Theological Seminary)에 입학했다. 웨스트민스터 신학교는 프린스턴 신학교가 자유주의 신학을 받아들이자 메첸을 중심으로 한 정통 개혁신학의 전통에 서 있는 프린스턴 신학교 교수들이 1929년에 프린스턴 신학교를 나와서 필라델피아에 설립한 정통 개혁주의 신학교였다. 웨스트민스터 신학교는 교단에 소속되기보다는 개혁신학을 중심으로 한 역사적 기독교 전통의 통제를 받기로 결정했다.

이쯤에서 독자의 이해를 돕기 위하여 자유주의 신학과 역사적 기독교라는 용어가 무엇을 의미하는가를 간략하게 설명하는 것이 좋을 것 같다.

자유주의 신학에서 자유라는 말은 기독교의 핵심교리들의 내용을 자유롭게 변경한다는 것을 의미한다. 무엇 때문에 기독교의 핵심교리들을 변경하는가? 청중들의 기호에 맞추기 위해서! 20세기의 청중들은 과학적 세계관의 강력한 영향을 받은 자들로서, 관찰과 실험에 의하여 증명되지 않거나 이성과 경험을 통하여 납득되지 않는 것들을 받아들이려고 하지 않는다. 이들은 출애굽 사건이나, 여호수아의 명령으로 해가 중천에 머무른 사건이라든가, 동정녀 탄생이라든가, 예수님의 부활이라든가, 예수님의 재림 등과 같이 초자연적인 성격을 가진 기독교의 핵심적인 진리들을 받아들이려고 하지 않는다. 이런 청중들을 잃지 않기 위하여 이들이 받아들이려고 하지 않는 교리들을 이들이 쉽게 이해할 수 있는 내용으로 변경하거나 폐기하는 것을 자유롭게 하는 신학이라는 의미에서 자유주의 신학이라는 명칭이 붙은 것이다. 예를 들어서 예수님의 동정녀 탄생은 마리아에게 성령이 기적적으로 작용하여 이루어진 일이 아니라 마리아가 어떤 남자와 만나서 성관계를 가진 결과로 낳은 사생아인데,

후대 사람들이 성령의 기적적인 능력으로 결혼을 통하지 않고도 아기를 갖게 된 것으로 신화화시키고 미화시킨 것이라고 설명한다. 예수님의 부활은 죽었던 예수님이 살아난 것이 아니라 예수님이 잠시 기절했다가 깨어난 것을 후대의 기록자들이 부활한 것으로 미화한 것이라고 설명한다.

자유주의 신학에 대응하여 정통주의적 입장을 "역사적 기독교"라고 말할 때가 있다. 왜 역사적이라는 형용사를 붙이는가? 정통주의는 초자연적인 기적 사건이 역사적으로 실제로 일어난 사건이라고 믿기 때문이다. 정통주의는 출애굽 사건을 역사적으로 실제로 일어난 사건이라고 믿으며, 여호수아의 명령으로 해가 중천에 머무른 사건도 역사적으로 실제로 일어난 사건이라고 믿으며, 예수님의 동정녀 탄생도 역사적으로 실제로 일어난 사건이라고 믿으며, 예수님의 부활도 역사적으로 실제로 일어난 사건이라고 믿는다.

쉐퍼는 웨스트민스터 신학교에서 향후 자신의 신학 사상의 틀을 결정하게 될 신학수업을 받기 시작했다.

첫째로, 쉐퍼는 성경은 사상뿐만 아니라 단어들 하나하나에 이르기까지 성령의 감동으로 기록되어 오류가 없는 말씀이라고 주장하는 성경관을 배웠다. 쉐퍼는 성경은 종교적으로 뿐만 아니라 역사적인 기록에 있어서나 과학적인 관점에서도 오류가 없다고 확신했다.

둘째로, 진리는 경험으로만 체험 가능한 것이 아니라 이성적으로도 전달 가능한 것이라는 구프린스턴 신학의 전통을 받아들였다.

셋째로, 웨스트민스터의 변증학자인 코넬리우스 반틸(Cornelius Van Til)의 전제주의적 변증학을 받아들였다.

넷째로, 기독교 진리는 교회 안에서뿐만 아니라 삶의 전 영역에서 구현되어야 한다는 아브라함 카이퍼(Abraham Kuyper)의 영역주권론(sphere sovereignty)을 받아 들였다.

쉐퍼 부부는 필라델피아의 웨스트민스터 신학교 근처에 있는 슬럼 지역에 있는 아파트 3층을 얻어 신혼살림을 꾸렸다. 쉐퍼는 웨스트민스터에서 약간의 장학금을 받았고, 에디스는 재봉사 일을 하여 학자금과 생활비를 해결했다. 첫 해가 지나고 두 번째 해가 시작되기 전, 쉐퍼 부부는 뉴햄프셔의 화이트 마운틴 지역에서 캠프 책임자로 일하는 아르바이트를 얻었다. 일거리는 어린 소년들을 가르치고 밤에 이야기를 읽어 주고 함께 하이킹을 하는 것이었는데, 이 일을 하면서 산을 사랑하고 등산에 푹 빠지는 습관이 시작되었다. 이 일을 하는 과정에서 강사로 온 헤럴드 존 오켕가(Harold John Ockenga)와 교분을 가지게 되었다. 오켕가는 후일 풀러 신학교(Fuller Theological Seminary)와 고든-콘웰 신학교(Gorden-Conwell Theological Seminary)를 설립한 미국 복음주의계의 거장이었다.

1937년에 웨스트민스터 신학교를 설립하고 이어서 정통장로교(Orthodox Presbyterian Church)교단을 창설하는 등의 일을 하던 메첸이 과로로 소천하자, 정통 개혁주의 진영의 무게중심이 흔들렸다. 1937년에는 요한계시록20장1-6절에 나오는 천년왕국에 대한 해석문제와 금주에 대한 입장문제로 정통장로교 대회에서 논쟁이 벌어졌고, 이 논쟁은 웨스트민스터 교수회 안에서도 전개되었다. 웨스트민스터의 다수의 교수들은 무천년기 재림론을 주장한 반면, 일부는 천년기 전 재림론을 주장했다. 무천년기 재림론이란 예수님이 재림하실 때 신자의 심판과 부활, 그리고 불신자의 심판과 부활은 동시에 일어나며, 그 이후에 영원한 하나님의 나라가 임하고 이 영원한 하나님의 나라 이외에 별도의 천년왕국은 존재하지 않는다고 보는 관점이다. 천년기 전 재림론이란 주님이 재림하실 때 신자들에 대한 부활과 심판이 있고, 그 다음에 천년왕국이 있고, 그 다음에 불신자에 대한 부활과 심판이 오고, 그때 영원한 하나님의 나라가 시작된다고 주장하는 이론이다. 이 문제와 더불어 금주문제도 불거졌다. 웨스트민스터 대다수의 교수들은 음주에 대하여 허용적인 반면에 일부는 금주를 적극적으로 지지했다. 두 진영은 입장을 좁히지 못하고 서로 갈라서기로 결정하고 천년기전 재림론과 금주를 적극적으로 지지했던 올리버 버스웰(Oliver Buswell), 칼 매킨타이어(Carl McIntire)는 새로운 신학교인 페이스 신학교(Faith Theological Seminary)를 설립했고, 성경장로교(Biblical Theological Seminary)라는 새로운 교단을 만들었다. 쉐퍼는 페이스 신학교로 옮겨 1938년에 제1회로 졸업했고, 교단도 성경장로교로 옮겼다. 1937년에 첫째 딸 자넷 플리실라 쉐퍼(Janet Prischilla Schaeffer)가 태어났다.

1938년 쉐퍼는 성경장로교에서 목사안수를 받고 곧 그로브 시티(Grove City)에 있는 커버넌트 장로교회에서 3년간 목회했다. 쉐퍼는 커버넌트 장로교회에서 목회하는 동안 이블린 매클러스키(Evelyn M. McClusky)와 함께 젊은이들을 위한 가정성경공부 모임인 미러클 북클럽을 시작했는데, 이 운동이 후일 라브리운동의 시작을 알리는 전조가 되었다. 1941년 5월에는 둘째 딸 수잔을 낳았다. 쉐퍼는 성경장로교회 오대호 지역 노회장, 국내 선교부 회원, 여름성경학교 이사 등으로 섬겼다.

쉐퍼는 여름성경학교 이사로 섬기는 동안 여름성경학교 창립자인 에이브러햄 라뎀(Abraham Lathem)박사를 알게 된 것이 계기가 되어 그로브 시티 보다 훨씬 큰 도시인 체스터시의 성경장로교회 부목사로 2년간 사역했다. 이 기간 중에 아버지 쉐퍼3세가 임종 직전에 쉐퍼에게 "얘야, 너의 예수에 대하여 나에게 말해 다오"라고 요청한 다음 아들의 전도를 듣고 기독교인이 되었다. 쉐퍼3세는 1943년에 세상을 떠났다.

쉐퍼에게서는 신유의 은사도 나타났다. 어느 날 쉐퍼는 혀에 불치의 병을 앓고 있는 작은 소녀에게 병든 자에게 기름을 바르고 기도하라는 야고보서 5장 14절의 말씀에 따라서 기름을 바르고 안수했다. 그런데 의학적으로 설명할 수 없는 방법으로 소녀의 혀의 불치병이 치유되었다.

1943년 쉐퍼는 세인트루이스에 있는 성경장로교회로 옮겨 1947년까지 5년간 사역했다. 쉐퍼의 셋째 딸 드보라가 1945년 5월에 태어났다. 세인트 루이스에 있는 동안 쉐퍼는 딸들과 함께 미술관을 빈번하게 방문하면서 한 시대의 기본적인 세계관을 이해하는 데 예술 형식의 연구보다 더 나은 방법이 없다는 확신을 갖게 되었다. 쉐퍼는 교회는 사람들이 살고 있는 도시 한 복판에 있어야 하며, 부유층이 있는 교외로 옮겨서는 안 되며, 흑인이 교회로부터 거절당해서는 안 되며, 유대인들을 차별해서도 안 된다는 신념을 굳게 가지고 있었다.

쉐퍼는 아이들을 모아 여름성경학교를 개최하여 크게 부흥시켰고, "그리스도를 위한 어린이"라는 단체를 설립했는데, 이 단체의 설립이 쉐퍼 부부를 유럽으로 가게 한 자극제가 되었다.

쉐퍼는 두 번의 신학교 분열과 교단분열을 경험했다. 한 번은 프린스턴 신학교로부터 웨스트민스터 신학교가 분열되어 나오고 이어서 미국 장로교에서 정통장로교가 분리되어 나온 사건이다. 이 분열은 핵심적인 교리적 차이 때문에 이루어진 분열이었다. 기독교의 정체성을 결정하는 데 중요한 교리문제에 무관심한 자유주의 성향의 교회들에 대하여 깊은 실망을 느끼고 있었던 쉐퍼는 이 분열에 대하여 이의가 없었다. 그러나 웨스트민스터 신학교와 페이스 신학교의 분열, 그리고 이어서 발생한 정통장로교와 성경장로교의 분열에 대해서 쉐퍼는 동의하기가 어려웠다. 왜냐하면 이 분열은 정통주의적 입장을 가진 사람들 사이에서 상대방에 대한 사랑의 결핍 때문에 사소한 입장의 차이를 용납하지 못한 결과로서 일어난 분열로서 분열한 이후에 상대방에 대하여 매우 편협한 태도를 보여 주었기 때문이다. 쉐퍼는 이런 현실을 바라보면서 참된 교회는 역사적 기독교가 말하는 교리적 진리를 타협함이 없이 견지하는 동시에 사랑을 실천하는 공동체가 되어야 한다는 교회 윤리를 구상하게 된다. 쉐퍼의 교회 윤리는 〈20세기 말의 교회〉 *The Church at the End of the Twentieth Century*, 〈오늘날의 교회의 사명〉 *The Church before the Watching Worlds*, 〈개혁과 부흥〉 *Death in the City*, 〈위기에 처한 복음주의〉 *The Great Evangelical Disaster*에 잘 나타나 있다.

신정통주의 성경관

성경장로교의 장로교해외선교독립위원회는 2차 대전이 끝난 후인 1947년 여름에 쉐퍼를 3개월간 유럽에 보내서 전후 유럽교회의 실상을 파악하도록 했다. 위원회의 파송을 받은 쉐퍼는 아내와 세 딸을 세인트루이스에 남겨 두고 두 가지 목적을 위하여 홀로 유럽으로 향했다. 하나는 자신이 시작한 어린이 전도사역을 어린이와 청년을 대상으로 하는 사역으로 넓히면서 유럽 전도를 할 수 있는 방안을 모색하는 것이었다. 다른 하나는 당시 정통주의의 탈을 쓰고 나타난 신학적 자유주의의 새로운 형태인 신정통주의가 미국 교회를 위협하고 있었는데, 유럽의 신정통주의의 실태를 실제로 파악하는 것이었다. 쉐퍼는 7월에서 9월까지 세 달 동안 프랑스, 스위스, 노르웨이, 덴마크, 독일, 체코슬로바키아, 오스트리아, 이탈리아, 그리스, 네덜란드, 벨기에, 잉글랜드, 스코틀랜드 13개국을 돌면서 중요한 기독교 지도자들을 만나 인터뷰하기로 계획했다. 자신이 떠나 있는 동안 세인트루이스의 성경장로교회는 나중에 평생 친구가 된 엘머 스미크(Elmer Smick)목사에게 맡겼다.

쉐퍼는 세계교회협의회(WCC)가 창립을 준비하고 있고, 이 과정에서 신정통주의자 라인홀드 니버(Reinhold Niebhur)가 중요한 역할을 하고 있다는 사실을 확인했다. 오슬로에서 니버의 강의를 들은 쉐퍼는 기독교를 사회주의적으로 해석하고 있다는 사실과 신정통주의가 자유주의 신학을 비판하면서도 성경 기록에는 역사적으로나 과학적으로 오류가 있다고 주장하는 고등비평을 받아들이고, 성경의 초자연적 사건들을 신화라고 주장한다는 사실을 확인하고, 신정통주의와 싸우기로 결심했다. 쉐퍼는 오슬로에서 신학적 자유주의와 치열하게 싸워 왔던 오 할레스비(Ole Hallesby)와 만나 신정통주의에 대한 비판적인 입장을 같이 했고, 복음주의는 세계교회협의회와 입장을 같이 할 수 없다는 사실을 함께 확인했다. 영국에서는 마틴 로이드 존스(Martyn Lloyd-Jones)를 만났다.

여행을 마치고 파리에서 미국으로 돌아오는 비행기 안에서 극적인 일이 발생했다. 파리를 떠나 뉴욕으로 향하던 TWA의 DC-4기가 대서양을 횡단하던 중 쉐퍼가 타고 있던 쪽의 비행기 모터 2개가 동시에 꺼졌고 비행기는 900미터 아래로 급강하했다. 비행기는 바다의 물결치는 모습이 보이는 지점까지 내려왔다. 모든 승객들은 비행기가 바다에 착륙할 경우를 대비하여 구명조끼를 입고 준비를 하고 있었다. 마침 조난신호가 미국에서 포착되어 미국 전역에 방송되었다. 이 소식을 들은 쉐퍼의 아내와 세 딸은 세인트루이스에서, 그리고 쉐퍼는 비행기 안에서 간절하게 기도했다. 그러던 중 갑자기 꺼졌던 두 대의 모터가 돌기 시작했고, 비행기는 서서히 하늘을 날아올라 비행을 계속하여 무사히 뉴욕에 도착했다. 쉐퍼는 기장에게 어떻게 모터가 다시 돌게 된 것이냐고 물었다. 기장은 한쪽 날개에서 두 모터가 다 꺼지는 일도 무척 드문 일이지만, 꺼진 모터가 다시 작동하지 않는 것이 통례이기 때문에 자신도 도대체 어떻게 된 영문인지 이해할 수 없다고 대답했다. 그때 쉐퍼는 그건 내가 하늘에 계신 아버지께 기도하는 것을 듣고 하나님이 작동시킨 것이라고 대답했다. 무신론자였던 조종사는 이상하다는 표정을 짓다가 돌아갔다.

유럽여행에서 돌아와 현지답사보고를 하고 목회 활동에 다시 전념하고 있던 쉐퍼에게 유럽으로부터 수많은 편지들이 쇄도하기 시작했다. 이 편지들에는 여러 가지 질문들, 교제를 원하는 열망, 강사 초청 등이 들어 있었다. 쉐퍼 부부는 바울을 불렀던 마게도니아인의 환상을 보는 것과 같은 마음을 떨쳐 버릴 수 없었다. 마침내 장로교해외선교위원회는 쉐퍼에게 1948년에 설립될 예정으로 있는 세계교회협의회에 대응하여 같은 해 설립하기로 되어 있었던 국제기독교연합회(International Council of Christian Churches)에 교단 대표로 참석하는 동시에 유럽 장기 체류 선교사가 되어 달라는 요청을 했다. 쉐퍼 부부는 이 요청을 받아들이기로 결정하고 유럽 체류 준비를 시작했다. 쉐퍼 부부는 스위스 로잔을 거주지로 선택하고, 스위스 대사관 직원의 도움으로 로잔의 라 로지아즈(La Rosiaz)에 아파트를 미리 마련해 두었다. 이 와중에 큰 딸 프리실라가 맹장 수술을 하게 되었는데, 맹장 수술을 한 의사 에베레트 쿱(C. Everett Koop)과 관계를 맺게 되었고, 쿱과는 평생 친구가 되어 함께 생명윤리 운동에 관련된 책을 쓰고 영화를 제작하기도 하였다.

1948년 쉐퍼 가족은 배편으로 네덜란드 로테르담 항구에 도착했다. 로테르담 항구는 유럽 물류의 최대 중심지이자 세계에서 가장 큰 하역항구다. 하역용 부두 길이만 70킬로미터에 달했다. 유럽으로 오는 20만 톤 규모의 화물선은 반드시 로테르담 항구에서 5만 톤짜리 화물선에 화물을 옮겨 싣고 북해 쪽으로 갔고, 5,000톤짜리 바지선에 화물을 옮겨 싣고 라인 강을 따라서 유럽내륙 스위스까지 화물을 운송했다.

그해 8월 암스테르담에서 열리는 국제기독교연합회에 참석한 쉐퍼는 암스테르담 대학교에서 예술 분야 박사학위 공부를 하고 있던 로크마커를 만났다. 2차 대전 당시 로크마커는 네덜란드 해군사관생도로서 소위 임관을 앞두고 있었다가 독일군이 네덜란드를 침공할 때 체포되어 포로수용소에 수감 되었다. 그의 유대인 약혼녀는 아우슈비츠에서 살해되었다. 로크마커는 우크라이나의 스타니스라우(Stanislau) 포로수용소에 수감되어 있을 때, 네덜란드의 암스테르담 자유대학교에서 헤르만 도예베르트(Herman Dooyeweerd)밑에서 박사과정을 밟고 있던 요한 메케스(Johan Mekker)의 영향을 받고 개종했다. 로크마커는 여자 친구인 앵키 하위트커(Anky Huitker)와 함께 약혼녀를 찾으러 나섰다가 아우슈비츠에서 살해당한 것을 알았고, 후에는 앵키와 사랑하게 되어 결혼했다. 앵키는 암스테르담에서 열린 국제기독교연합회 행정 조교로 일하던 중에 재즈와 블루스 음악 음반수집에 도움을 줄 사람을 찾고 있던 로크마커를 쉐퍼에게 소개했고, 두 사람은 만나자마자 밤샘 토론을 하면서 평생 함께하는 친구가 되었다. 로크마커는 고갱에 대한 박사 논문을 영어로 썼는데, 지도교수는 그의 영어가 신뢰할 만한 수준인가에 대하여 확신이 없었다. 이때 쉐퍼가 로크마커의 논문을 읽고 영어가 신뢰할 만한 것이라는 증명서를 써주어 로크마커는 박사학위를 받을 수 있었다. 로크마커는 암스테르담 자유대학교에서 예술사 강좌를 개설하고 초대 교수직을 맡았다. 쉐퍼는 미국 신학자 반틸에 심취해 있었던 반면에, 로크마커는 네덜란드의 개혁주의 신학자였던 흐룬 반 프린스터러, 아브라함 카이퍼, 헤르만 도예베르트에 정통했다. 쉐퍼는 로크마커를 통하여 예술에 대한 이해를 넓힐 뿐만 아니라 유럽의 영혼을 들여다 볼 수 있었다.

쉐퍼는 나중에 바르트의 성경관을 비판하면서, 교회와 기독교인들은 성경은 역사적으로나 과학적으로도 오류가 없다는 원리를 철저하게 견지해야 한다는 점을 강조했다. 바르트의 성경관은 〈창세기의 시공간성〉 *Genesis in Space and Time*, 〈궁극적 모순은 없다〉 *No Final Conflict*, 〈여호수아서와 성경역사의 흐름〉 *Joshua and the Flow of Biblical History* 을 통하여 구체화되었다. 쉐퍼는 창세기의 처음 10장의 역사성을 인정하지 않으면 모든 성경의 교리들이 무너진다는 점과 성경은 역사적이고 과학적으로 분석해 보아도 오류가 없으며, 인간의 구원의 문제뿐만 아니라 우주의 기원의 문제에 대해서도 참된 답변을 주는 책임을 강조했다.

살아 계시는 하나님과 라브리 사역의 태동

쉐퍼는 네덜란드에 3주간 체류한 후에 로잔의 라 로지아즈로 거처를 옮겼다. 쉐퍼는 강연초청에 응했고, 유럽 전역에 '그리스도인을 위한 어린이' 사역을 시작하는 일과 신정통주의와 세계교회협의회를 통하여 전개되는 에큐메니즘(보편주의, 교리적 차이나 종교적 차이를 무시하고 하나가 되자는 운동)에 저항하도록 교회를 준비시키는 일에 전념했다.

이 무렵 1948년 5월호 〈바이블 투데이〉 *Bible Today*에 기고한 쉐퍼의 "전제주의"라는 글은 쉐퍼가 기독교를 변증하는 방법론이 어떤 것인가를 예시해 주었다. 기독교를 변증하는 방법에는 두 가지 입장이 있었다. 하나는 전제주의(Presuppositionalism)라는 것이다. 전제주의는 카이퍼와 도예베르트를 비롯한 네덜란드의 개혁신학자들과 웨스트민스터 신학교의 반틸의 입장으로서 기독교인과 무신론자는 다른 전제에서 인생과 사물을 보기 때문에 접촉점을 찾기 어렵다고 주장하는 입장이다. 전제주의를 따르면 기독교가 무엇이고 무신론이 무엇인가를 충분하게 이해할 수는 있으나, 두 사상의 접촉점을 찾아내어 논쟁하는 데는 약할 수 있다. 증거주의는 프린스턴 신학교가 자유주의화되기 전에 프린스턴 신학교 교수인 아치발드 알렉산더 등이 취했던 입장으로서 특히 논리적 추론에 있어서는 기독교와 무신론 사이에 접촉점이 있으며, 하나님의 살아계심을 논리적으로 증명하는 것이 가능하다고 보는 입장이다.

쉐퍼는 전제주의를 받아들이면서도 증거주의를 채택하여 무신론자들과 논리적으로 맞장을 뜨는 대화와 논쟁에 적극적으로 임했다. 특히 쉐퍼는 무신론자들의 주장과 삶이 논리적으로 앞뒤가 맞지 않는다는 점을 지적하는 데 탁월했다. 예를 들어서 무신론자들은 실험실에서는 사랑은 화학 분자들이 만나서 화학적 변화를 일으키는 것일 뿐, 어떤 인격적 교감 같은 것은 전혀 없는 것이라고 주장한다. 만일 무신론자들이 자신들의 주장에 정직하다면 사랑을 할 때도 전혀 인격적 교감이 없이 기계적으로 해야 한다. 그런데 실제로 무신론자들이 사랑을 할 때는 언제 그런 주장을 했느냐는 듯이 인격적인 교감을 나누면서 사랑을 한다. 생각과 행동이 일치하지 않는 것이다. 쉐퍼는 무신론자들과 대화를 하면서 이와 같은 무신론자들의 위선 — 일종의 부정행위 — 를 지적하는 것이 중요하다고 생각했다.

1949년 말 쉐퍼 가족은 로잔에서 로마 가톨릭주인 상페리의 산장으로 거처를 옮겼다. 이곳에 와서야 비로소 2년 전에 세인트루이스에서 보낸 후 스위스의 세관창고에 1년 넘게 보관되어 있던 짐을 가져와 풀어 놓을 수 있었다. 이 산장은 꽤 규모가 컸기 때문에 산장에 체류하면서 쉐퍼 부부는 산장을 이용한 어떤 새로운 사역이 시작되는 것이 아닌가 하는 생각을 어렴풋이 가지기 시작했다.

1950년 쉐퍼는 제네바에서 열린 국제기독교연합회에서 바르트 신학을 비판하는 연설을 했다. 쉐퍼는 바르트의 신학을 신현대주의(New Modernism, 반틸이 사용한 용어)의 범주로 분류했다. 쉐퍼는 옛 현대주의 — 구자유주의 신학 — 를 이단으로 규정했는데, 그 이유는 이들이 성경의 기본진리들을 부인했을 뿐만 아니라 정통주의의 용어들을 그대로 사용하면서도 그 의미를 심각하게 변경시켰기 때문이다. 그러나 적어도 이들은 어떤 사람이 하는 말이 진리이면 그 말을 반대하는 사람의 말은 비진리라는 생각을 받아들였다는 점에서 지적으로는 정직했다. 그러나 바르트는 역설 혹은 해학이라는 개념을 이용하여 어떤 일이 진리인 동시에 비진리일 수 있다는 모호한 주장을 전개했다. 바르트는 고등비평을 받아들여 창세기 1-3장을 신화로 간주하면서 에덴동산이 역사적으로 실제로 있었던 장소가 아니라 하더라도 인간이 어떻게 죄인이 되었는가를 설명할 수 있다고 주장했다. 역사적으로 그릇된 것이라도 종교적으로 진리일 수 있다는 것이다. 쉐퍼는 이처럼 역사적 진리와 종교적 진리를 서로 무관한 것으로 구분하는 것은 잘못된 것이라고 비판했다.

같은 해 쉐퍼는 몇 명의 동료들과 스위스에서 가르치고 있었던 바르트를 방문하여 담소를 나눌 기회가 있었다. 쉐퍼는 바르트와 대화를 나누는 가운데 자신이 바르트의 신학에 대하여 가해 온 비판이 옳다는 확신을 가질 수 있었다. 바르트는 쉐퍼가 자신을 비판하는 글을 보내 준 것을 읽고 쉐퍼와의 관계를 단절하는 답장을 보냈다.

이 무렵 쉐퍼를 힘들게 했던 또 한 가지 문제는 웨스트민스터 신학교와 페이스 신학교가 분열하는 과정에서 나타난 바와 같이, 정통신학을 가진 사람에게 정통신학에 걸맞은 열매 — 특히 사랑의 실천 — 가 거의 나타나지 않고 있다는 사실이었고, 이 사실을 쉐퍼 자신에게서도 발견하였다. 이 같은 발견은 쉐퍼를 일종의 신앙의 위기에 몰아넣고 있었다. 쉐퍼가 직면했던 문제는 하나님이 살아 계신다는 것이 "실재"인가, 곧 "사실"인가 하는 것이었다. 하나님이 살아 계신다는 것이 사실이 아니라면 기독교를 믿을 이유가 없고 기독교를 버려야 한다. 그러나 만일 하나님이 살아 계신다는 것이 사실이라면 하나님은 삶의 모든 영역에 관계해야 하며, 그분을 예배하고 경배해야 할 뿐만 아니라 순종해야 마땅하다. 스위스의 산장의 건조창고에서 이 문제를 붙들고 씨름하던 쉐퍼는 성령이 충만하게 임하는 경험을 한 뒤에 하나님의 실재를 확신할 수 있게 되었고 위기로부터 벗어났다. 쉐퍼는 그리스도인의 삶이란 하나님의 초자연적인 실재, 곧 성령의 현존하는 능력 안에서 자기를 죽이며 사랑의 실천을 통하여 인격적 관계를 회복해 가는 삶이라고 보았다. 이와 같은 깨달음이 〈진정한 영적 생활〉 *True Spirituality* 에 잘 정리되어 있다.

쉐퍼는 샹페리에 있는 개신교 예배당 건물에서 크리스마스 이브에 설교할 기회를 얻었다. 그 이후에는 이 예배당에서 계속하여 설교할 수 있는 기회가 주어졌다. 어느 날 주일예배가 끝난 후 이 지역의 교양 학교에서 공부하던 젊은 여성들을 산장에 초대하여 다양한 문제들에 대한 대화를 하기 시작했는데, 이때부터 여러 곳에서 방문객들이 쉐퍼의 산장에 찾아와 다양한 문제들에 대한 대화와 토론의 시간을 가지기 시작했다.

1952년 8월에 넷째이자 아들인, 프랭키라고 부른 쉐퍼5세가 태어났다. 1953년에는 안식년을 맞이하여 쉐퍼 가족은 미국으로 돌아 왔다. 미국으로 돌아 온 쉐퍼는 모교인 페이스 신학교에서 1년간 목회신학을 강의했고, 미국 전역을 돌아다니면서 515일 동안 346번이나 강연을 했다.

쉐퍼는 정통장로교로부터 성경장로교가 분리되어 나올 때 성경장로교 편에 섰고, 교단을 위하여 줄곧 헌신해 왔다. 그러나 쉐퍼가 성경장로교가 사소한 교리에 대한 다른 인식을 가진 형제들에 대하여 논쟁에서 이기려고만 할 뿐, 사랑의 실천을 보여 주지 못했다는 비판을 계속하자 성경장로교 측 인사들이 달가워하지 않았다. 특히 매킨타이어가 쉐퍼의 태도를 강하게 비판했다. 결국 성경장로교는 매킨타이어가 주도하는 콜링우드 노회와 컬럼버스 노회로 양분되었다. 컬럼버스 노회는 후일 복음장로교(Evangelical Presbyterian Church)가 되었고, 이 교단 산하에 커버넌트 신학교(Covenant Theological Seminary)와 커버넌트 대학교가 설립되었다.

성경장로교 당국은 쉐퍼와의 관계가 껄끄러워진 탓에 안식년이 끝나고 나서도 쉐퍼를 다시 유럽 선교사로 보내는 것을 주저했다. 교단이 미온적인 태도를 보이자 결국 쉐퍼 자신이 갈지 말지를 결정해야 했다. 쉐퍼는 유럽으로 가기로 결정했다. 그러나 교단으로부터는 재정지원을 기대할 수가 없었다.

유럽행을 결정한 쉐퍼 가족은 유럽행 경비를 마련해야 했다. 후원금 마련의 문제를 두고 고민하던 쉐퍼 가족은 사람들에게 후원금을 부탁하는 방법을 쓰지 않고 하나님께 기도하여 해결하기로 결정했다. 쉐퍼 가족은 하나님은 살아 계시기 때문에 기도를 들으실 것이고, 만일 유럽으로 가는 것이 하나님의 뜻이라면 전능하신 하나님이 기적적으로 재정을 채워 주실 것으로 믿었다. 놀랍게도 여행사에 돈을 납부하는 마지막 날짜인 1954년 7월 29일 이전 3주간에 걸쳐서 여행경비가 모두 들어왔다. 마지막 필요한 돈은 마지막 날에 들어왔다. 쉐퍼 가족은 이를 통하여 유럽행이 하나님의 뜻이라고 확신하고 유럽으로 향했다.

그러나 하나님은 하나님이 살아 계신다는 사실을 믿기로 결심한 쉐퍼 가족을 시험하기라도 하시는 것처럼 유럽에 오는 시간부터 쉐퍼 가족에게 여러 가지 고난을 안겨 주셨다. 우선 아들 프랭키가 유럽으로 오는 도중에 소아마비에 걸렸는데 스위스에 도착하기까지는 적절한 치료를 받을 수가 없었다. 스위스에 도착한 후에는 둘째 딸 수잔이 류마티스성 열병에 걸려 두 달간 앓아누웠다.

쉐퍼 가족은 앞으로 자신들이 수행하게 될 사역을 영적인 위기를 만난 사람들의 피난처를 마련한다는 의미에서 피난처라는 뜻을 가진 프랑스어 "라브리"(L'Abri)라고 정했다. 쉐퍼 가족은 스위스 상페리에 도착했으나, 스위스에 도착한 쉐퍼 가족을 기다리고 있었던 것은 로마 가톨릭주인 그 지역에서 종교적인 영향을 끼쳤다는 이유로 그곳을 떠날 뿐만 아니라 아예 스위스에서 떠나라는 추방명령이었다. 스위스는 각 지역 별로 개신교 지역과 로마 가톨릭 지역으로 구분되어 있고, 외국인에 대한 비자심사와 체류허가는 지역 경찰서 외사과 소관이다. 쉐퍼 가족의 친구가 된 마을 유지 엑스 헨리가 1951년 복음주의로 개종하고 세례를 받은 사건과 '그리스도를 위한 어린이'교실이 부흥하는 것을 보고 지역주민이 당국에 고발하자 당국이 추방조치를 내린 것이다. 이 명령은 1955년 2월 14일에 전달되었는데, 6주밖에 남지 않은 3월 31일까지 스위스를 떠나라는 것이었다.

쉐퍼 가족은 이 명령에 대응하는 조치를 취하기 시작했다. 쉐퍼는 인간의 도움을 얻기 위해 동분서주할 것인가, 아니면 살아 계신 하나님의 초자연적인 도움을 의지할 것인가를 두고 기도하던 중, 하나님의 초자연적인 도움을 의지하기로 결단하고 기도에 전념했다. 하나님을 향한 믿음은 이론상으로 또는 영혼 안에서만 머물러서는 안 되고, 실질적이고 물질적인 삶 속에서도 실천적으로 입증되어야 했다. 쉐퍼는 가족들에게 이렇게 말했다.

> 내가 보기에 우리에게는 두 가지 행동 방향이 있는 것 같구나. 기독교 단체들과 워싱턴에 있는 우리 상원의원 등에게 서둘러 전보를 쳐서 우리가 받을 수 있는 인간적인 도움을 다 받는 것이 한 가지 길이고, 또 한 가지는 단순히 무릎을 꿇고 하나님께 도와 달라

고 기도하는 거야. 우리의 삶과 일에 하나님의 초자연적인 능력을 좀 더 실제적으로 체험하고 싶다고 말했었지? 내가 보기에 우리는 지금 하나님의 능력을 체험할 기회를 얻은 것 같구나. 오늘날도 정부 사무처에, 그리고 지금 이 상황에 대해 하나님이 무엇인가를 하실 수 있다고 믿는가? 또 우리의 하나님이 다니엘의 하나님이라고 믿는가? 그러면 우리는 지금 그것을 증명할 기회를 얻은 거야.[1]

쉐퍼는 추방조치를 피하기 위하여 필요한 조건들 가운데 하나로서 위에모(Huemos)라는 작은 마을에 있는 레 멜레즈(Les Melezes, 낙엽송)라는 이름의 산장을 구입하기로 결정했다. 쉐퍼 부부는 이 산장 구입에 필요한 비용문제와 체류문제를 철저하게 살아 계신 하나님께 의지하기로 하고 하나님께서 기적적으로 해결해 주시면 스위스에서 라브리 운동을 시작하는 것이 하나님의 뜻으로 알고 추진하기로 했다. 첫째로, 쉐퍼 부부는 결정을 한 다음 날 아침 10시까지 천 달러를 보내달라고 기도했는데, 다음 날 아침 천 달러 수표가 들어 있는 편지가 배달되었다. 둘째로, 지불 기일 안에 8,011 스위스 프랑이 들어 와 보증금 8,000 스위스 프랑을 충당할 수 있었다. 셋째로, 잔금 및 마무리 비용 7,000 달러도 딱 3프랑이 넘는 액수로 매매를 마무리하는 시점 이전에 들어왔다. 쉐퍼 부부는 재정 문제가 해결되는 것을 보고 라브리 사역이 하나님의 뜻임을 확신하게 되었다.

또한 쉐퍼 가족은 전혀 예상하지 않았던 경로를 통하여 체류 허가문제에 도움을 받았다. 쉐퍼는 베른에 있는 미국 영사관에 탄원서를 접수하고 인터뷰를 했는데, 영사는 인터뷰를 통해 쉐퍼가 펜실베니아의 저먼타운 고등학교 동창임을 발견하고 쉐퍼의 체류문제에 적극적으로 관심을 기울이기 시작했다. 또한 레 멜레즈 산장 이웃에 사는 두 자매가 이디스에게 와서 사건의 자초지종을 물어보았는데, 이 자매들의 형제가 스위스 대통령이었고, 다른 이웃의 아저씨가 베른시 외사과(Bureau des Estrangers)의 수장이었으며, 그의 조카가 쉐퍼의 체류 허가를 최종적으로 승인하는 도장을 찍는 자리에 있었던 것이다. 마침내 쉐퍼 가족은 1955년 6월 21일에 추방명령을 무효화시키고 체류를 허가하는 결정이 담긴 여권을 받았다.

이런 일을 겪으면서 쉐퍼는 "하나님이 살아 계신다"는 사실을 확신할 수 있었다. 마침내 쉐퍼 부부는 라브리의 4대 운영원칙을 정했다. 첫째, 재정적, 물질적 필요에 대하여 사람들에게 후원금을 요청하지 않고 기도로 하나님께만 알린다. 둘째, 하나님께서 스스로 택한 사람들만 오게 하고 나머지는 가까이 오지 못하게 하시도록 기도한다. 셋째, 인위적으로 미래를 계획하지 않고 하나님이 일을 계획하시고 그 계획을 펼쳐 보여 주시도록 기도한다. 넷째, 일상적인 통로로 간사를 간청하지 않고 하나님께서 스스로 택하신 간사를 보내 주시도록 기도한다.[2] 이 원칙에 따라서 라브리의 재정은 철저하게 자발적인 후원자들의 후원금으로 충당되었다. 라브리 사역이 진행되는 방식 그 자체가 살아계신 하나님에 대한 실천적인 믿음의 열매였다.

로잔 대학교에서 공부하기 시작한 큰 딸 프리실라가 로잔 대학교의 대학생들을 라브리로 초대한 것을 시작으로 하여 대학생들이 라브리로 몰려들기 시작했고, 라브리는 입소문을 통하여 전 세계로 퍼져 나가 전 세계로부터 학생들뿐만 아니라 다양한 사람들이 몰려들기 시작했다. 이들은 라브리에 와서 기독교 신앙과 문화에 관련된 다양한 질문들을 쉐퍼에게 쏟아 놓았고, 쉐퍼는 이 질문들을 경청하고 답변하였으며, 예배와 성경공부를 인도하였다. 이런 과정을 통하여 많은 사람들이 기독교로 개종하였다. 라브리에 온 사람들은 철학과 신앙은 별개라고 생각하는 경우가 많았다. 철학은 6일을 위한 것이고 신앙은 일요일을 위한 것이라고 생각하고 양자를 연결시키지 않았고, 연결시키는 방법을 몰랐다. 그러나 라브리를 떠날 때는 철학과 신앙이 통합된다는 사실을 알게 되었고, 기독교적 세계관이 모든 삶의 영역들과 관련이 있으며, 다른 세계관의 장단점을 분별할 수 있는 안목을 준다는 사실을 깨달았다.

이 무렵의 라브리 사역을 통하여 변화되어 기독교 변증에 헌신한 많은 사람들 가운데 지성적으로 기독교를 변증하는 학자로 혹은 선교사로 변화된 네 사람이 특히 주목할 만하다.

한 사람은 오스 기니스(Os Guinness)다. 기니스는 런던 대학교 출신으로서 라브리에서 5년간 지내면서 개종하고 훈련받은 후에 영국으로 돌아가 옥스퍼드 대학교에서 박사학위를 받고 저명한 복음주의 학자가 되었다.

또 한 사람은 낸시 피어시(Nancy Pearcey)다. 불신자였던 피어시는 독일에서 음악공부를 하던 중 라브리에 와서 훈련받았다. 그녀는 개종하고 미국으로 돌아가서 대학교 철학과 강의실에서 기독교적 세계관이 진정으로 지적으로 일관성 있는 세계관이라는 쉐퍼의 논증을 적극적으로 소개하는 일에 헌신하고 있다.

마크 멜루(Marc Mailloux)는 선불교를 믿는 17살의 불가지론자였다. 멜루는 불교식의 채식주의자로서 기독교를 동물을 잡아먹는 야만적인 종교라고 비판했다. 멜루는 친구로부터 라브리에 관한 소식을 듣고 다짜고짜로 위에모로 왔다. 쉐퍼는 불교는 논리적으로 일관성이 있지만, 일관성 있게 살지는 못한다고 일침을 가했다. 그때 마침 말벌이 들어와 멜루를 찌르자 멜루는 말벌을 잡아 죽여 마루에 던졌다. 그러자 그 자리에 있던 모든 사람들이 불과 몇 초 전에 동물 후원자임을 자처했던 그가 모순된 반응을 보이는 것을 지적했다. 결국 멜루는 개종했고, 프랑스 선교사가 되었다.

윌리엄 에드가(William Edgar)는 프랑스 태생으로서 하버드에서 음악을 전공한 수재였다. 에드가는 헤롤드 브라운(Harold O.J. Brown)의 소개를 받고 라브리에 왔다. 에드가는 사랑하시며 동시에 전능하신 하나님이 어떻게 악의 존재를 허용하느냐라는 질문을 던졌다. 쉐퍼는 사랑이 진정한 사랑이 되기 위해서는 사랑하는 것을 자유롭게 선택할 수 있어야 한다고 설명해 주었다. 쉐퍼의 설명을 듣고 난 후 에드가는 개종했고, 하버드에서 공부를 마치고 웨스트민스터 신학교에서 신학을 공부한 후 제네바 대학에서 박사학위를 취득하고 웨스트민스터 신학교 변증학교수가 되었다.[3]

쉐퍼는 이미 시작한 일, 곧 유럽의 어린이들에게 복음을 전하는 일과 신학적 자유주의와 신정통주의의 위험을 알리는 일을 계속했고, 스위스 로잔과 밀라노에서 성경공부를 인도했으며, 영국 케임브리지 대학교와 옥스퍼드 대학 등에서 강연을 한 뒤에, 1958년에는 영국 라브리를 세웠다. 1960년 1월에는 타임지에 지식인 선교의 보기 드문 사례들 가운데 하나로 소개되기도 했다. 쉐퍼가 타임지에 소개된 후에는 쉐퍼의 강의가 오디오테이프로 만들어져 보급되었고, 곧이어 책으로 출판되기 시작했다. 1965년과 1967년 사이에는 특히 미국에서 강연 요청이 쇄도하여 하버드와 매사추세츠 공과대학을 포함한 보스톤 지역의 학생들을 대상으로 한 12일 강의, 휘튼 칼리지, 커버넌트 신학교, 웨스트몬트 칼리지, 칼빈 칼리지에서의 강의 등이 진행되었다. 쉐퍼는 현대문화를 구조적으로 분석하고 그 뿌리를 토마스 아퀴나스에게까지 추적해 들어가 현대문화가 르네상스, 계몽주의, 실존주의를 거치면서 기독교적 세계관으로부터 멀어져 온 과정을 추적하여 제시했다. 쉐퍼는 특히 현대문화가 포스트모더니즘에 장악될 것을 일찍이 예고했다. 동시에 쉐퍼는 현대문화가 제기하는 문제들에 대하여 역사적 기독교가 제시하는 세계관만이 해결책을 제시할 수 있다는 점을 설득력 있게 설파했다.

서양의 지성사 발전과정에 대한 쉐퍼의 분석과 기독교적 세계관 혹은 기독교철학은 쉐퍼의 기독교철학 3부작으로 알려진 〈이성에서의 도피〉, 〈거기 계시는 하나님〉, 〈거기 계시며 말씀하시는 하나님〉에 집약되어 있다. 이 책들에는 무겁고 중요한 철학적이고 신학적인 주제들이 광범위하게 소개되고 있다. 그런데 쉐퍼가 이 주제들을 다루는 방법에는 한 가지 특징이 있다. 쉐퍼는 아주 중요한 철학적 혹은 신학적 주제를 제시한다. 그러면 독자들은 이 주제들에 대한 쉐퍼의 깊이 있는 긴 설명을 듣기를 기대한다. 그러나 쉐퍼는 항상 이 주제에 대하여 간략히 입장을 밝히는 정도로만 언급하고 바로 다른 주제로 넘어가 버린다. 그리고 그 주제에 대한 상세한 설명은 책 어디에도 나오지 않는다. 바로 이런 특성에 대하여 많은 사람들이 쉐퍼가 제시한 주제들에 대하여 깊이 있고 길게 설명해 줄 것을 요청하기도 했다. 그러나 쉐퍼는 의도적으로 그 이상 나아가는 것을 거부했다. 쉐퍼가 그렇게 한 이유는 여기서 더 나아가면 "추상적인 변증"과 "추상적인 철학"이 될 위험이 있는데, 이 작업은 자신에게 주어진 과제가 아니라고 생각했기 때문이다. 쉐퍼가 철학적이거나 신학적인 주제들을 다루는 목적은 어디까지나 그 주제를 다루는 것이 복음 전도에 유익을 주기 때문이었고, 자신에게 주어진 사명은 복음 전도일 뿐, 전문적인 변증학자나 철학자가 되는 것이 아니라고 생각했다. 쉐퍼는 자신이 기독교를 변증하는 목적은 두 가지에 제한되어 있음을 분명히 했다. 하나는 사람들을 구원자인 그리스도께 인도하는 것이었고, 다른 하나는 그리스도인이 된 다음에 삶의 모든 영역에서 그리스도의 주권을 인정하게 하는 것이었다.

또한 쉐퍼는 기독교에 대한 궁극적이고 가장 설득력 있는 변증은 논리적인 변증보다는 사랑의 증시임을 항상 잊지 않았다. 실제로 라브리에 와서 많은 사람들이 훈련받고 개종하여 기독 지성인으로 헌신하는 것을 가능하게 한 요인은 쉐퍼의 논리적인 강의보다는 쉐퍼, 에디스 그리고 라브리 사역자들이 라브리에 찾아오는 사람들에게 베푼 따뜻한 사랑이었다.

진리의 실천

1960년대 초반까지 주로 기독교 진리의 이론적 변증에 집중되었던 쉐퍼의 사역은 1960년대 후반부터는 사회 윤리적 실천에 집중되었다. 쉐퍼의 생애 그 자체가 참된 기독교는 진리와 사랑의 실천을 통하여 나타나야 한다는 것을 증명하고자 한 살아 있는 모델이었다. 쉐퍼가 행동주의자라는 오해를 받을 만큼 사회적 실천 운동에 본격적으로 뛰어들게 된 계기는 1973년에 있었던 미국 연방 대법원이 내린 로우 대 웨이드 낙태

허용 판결 때문이었다. 콜린 듀리에즈(Colin Duriez)는 쉐퍼가 이 판결을 정부의 자의적인 독재의 한 실례로 들었다는 점을 지적했다.[4] 출생 이후에도 완전히 유물론적인 견지에서 취급되는 인간 존재가 가장 초기 단계에서도 태아 조직에 불과한 것으로 간주된 것이다. 이 판결은 출산 전 3개월 이전의 태아에 대한 낙태를 허용하고 있는데, 이 견해는 의학적으로 보든 법적으로 보든 자의적으로 결정한 것일 뿐이다.

쉐퍼는 이 판결이 단순히 우발적이고 지엽적인 일회성 문제라고 보지 않았다. 쉐퍼는 빙산이 큰 몸체를 해수면 속에 담근 채 극히 일부만을 드러내는 것처럼 낙태허용 판결의 배후에는 유물론적인 인본주의적 가치관이 자리 잡고 있어서 끊임없이 인간의 생명을 존중하는 태도에 위협을 주고 있다고 판단했다. 세계관이 윤리적 행동을 결정했던 것이다. 낙태가 허용되면 장애를 가진 영아들을 살해하지 말아야 할 이유가 없고, 병든 노인들을 안락사시키지 말아야 할 이유를 발견할 수 없게 된다.

쉐퍼는 이와 같은 문제의식을 가지고 세계관에 대한 이론적 비판과 기독교 세계관 교육에 심혈을 기울이는 동시에 낙태허용법을 견제하고 비판하기 위한 사회 행동에도 적극적으로 앞장섰다. 쉐퍼의 노력으로 로마 가톨릭교회의 문제로만 간주 되었던 낙태반대 운동이 미국의 복음주의자들 사이에서 시작되었다. 쉐퍼는 〈그러면 우리는 어떻게 살 것인가?〉 *How Should We Then Live?* 를 출간하여 인본주의적인 유물론적 세계관에 대한 비판을 강화하는 동시에 〈낙태, 영아살해, 안락사에 대한 그리스도인의 자세〉 *Whatever Happened to the Human Race?* 를 통하여 낙태, 영아살해, 안락사 등과 같은 구체적인 생명윤리 문제들에 대한 철저한 사회비평을 전개했다. 쉐퍼는 개인적인 평화와 풍요에 취하여 사회

문제를 외면하고 있었던 침묵하는 다수를 향하여 과학 엘리트들이 대중을 조작하는 미국적 독재주의(American authoritarianism)의 지배를 받게 될 것을 경고했다. 쉐퍼의 영향 때문에 그동안 미국문화로부터 소외되어 있었던 미국의 복음주의가 사회적이고 정치적인 행동주의로 나오게 되었고 미국의 정치사회에서 막강한 영향력을 행사하기 시작했다. 예컨대 1980년에 미국 최대교단인 남침례교가 쉐퍼의 영향을 받아 낙태입법 중지를 촉구하는 친생명결의안을 발표했다.

쉐퍼는 낙태문제에 대하여 로마 가톨릭교회와 협력하는 문제에 대해서는 로마 가톨릭과 장기간 길을 함께 걸어갈 수 있는 동맹군은 될 수 없어도 한 가지 이슈에 대하여 바른 입장을 견지하는 한 보조를 맞출 수 있는 공동참전용사는 될 수 있다고 생각했다.

쉐퍼가 마지막으로 관심을 가졌던 문제는 정부와 법의 문제였다. 낙태허용판결에 대항한 싸움을 통하여 인본주의적인 유물론적인 세계관이 정부와 법을 도구로 사용하여 목적을 달성하고자 한다는 사실을 절감했던 쉐퍼는 정부와 법의 바른 기초가 무엇인가 하는 문제에 관심을 기울였다. 쉐퍼는 러더포드 연구소 창립자였던 존 화이트헤드(John Whitehead)와 교제를 가지게 된 것을 계기로 하여 현대 서구사회의 정부와 법이 기독교적인 절대적인 규범에 기초한 사무엘 러더포드(Samuel Rutherford)의 "법이 왕"이라는 법치사상에서 떠나 소수의 정치적이고 기술적인 엘리트에 의하여 조작된 다수의 의지가 법으로 인식되는 사회로 전락했으며, 그 결과 인간의 생명이 파괴되는 입법이 이루어지고 정부는 독재 정치화될 위험에 노출되었다고 진단한다. 쉐퍼는 만일 정부의 정책과 행동이 법에 어긋난다고 판단되면 기독교인들은 힘의 행사를 포함한 시민불복종까지도 불사해야 한다고 말한다. 이와 같은 쉐퍼의 정치사상은 〈기독교 선언〉 *A Christian Manifesto* 에 잘 나타나 있다.

1978년 축구공만한 크기의 임파선 암에 걸렸다는 진단을 받은 후에도 방황하는 젊은이들을 그리스도께로 인도하고자 하는 쉐퍼의 열정과 교회를 사랑하는 마음은 쉐퍼를 쉬지 못하게 했다. 쉐퍼는 대서양을 오가면서 약물치료를 받으면서도 영화제작, 5권으로 된 전집 교정 및 출판, 세미나, 강연을 쉬지 않았다. 1982년에는 쉐퍼의 글들을 모은 전집이 출간되었다. 1983년 병원 내부에서 자행되는 낙태시술에 항의하는 피켓 행렬에 참여한 쉐퍼는 몇 주 후에 무의식 상태에서 스위스로부터 미국의 마요 병원으로 이송되었다. 1984년에는 수술을 받고 힘을 얻어 마지막 책인 〈위기에 처한 복음주의〉 *The Great Evangelical Disaster*를 탈고했다. 이 책은 복음주의가 당시의 세상 정신에 타협하는 모습을 경고하는 책이다. 이 책에서 쉐퍼는 복음주의가 많은 일을 해냈지만 타협의 정신은 큰 재난임을 지적했다. 쉐퍼는 상대주의가 지배하는 시대에 성경이 가르치는 근본원리와 배치되는 사안들에 대하여 혁명적으로 선을 긋고 대항하여 굳게 맞설 만한 용기가 없다면, 훗날 역사가들은 복음주의 기관들이 하버드, 예일, 뉴욕 유니온 신학교가 걸었던 길을 걷고 그리스도의 대의를 영원히 상실했던 시기로 기억하게 될 것임을 경고했다.

쉐퍼는 수개월간의 정맥 주사로 인해 파열된 정맥 때문에 가슴에 새로운 관을 이식시키는 수술을 받는 고통 속에서, 1984년 3월 혈관 주사를 맞고 일곱 주간에 걸친 마지막 강연 여행에 나섰다. 돌이킬 수 없을 만큼 병세가 악화된 쉐퍼는 5월 15일 로체스터의 자택에서 소천함으로써 진리의 증거와 실천에 남김없이 헌신했던 생애를 마감했다.

개종한 이후의 쉐퍼가 마지막까지 붙들었던 화두는 "하나님의 실재" 문제였다. 하나님은 과거에 살아 계셨고, 미래에도 살아 계실 분이지만, 동시에 현재도 살아 계시는 분이시다. 진리는 하나님이 살아 계신다는 사실이다. 이 진리가 왜 중요한가? 하나님이 현재 살아 계신다면 하나님의 살아 계심은 믿는 자들의 모든 삶의 영역 안에서 드러나야 한다. 하나님의 살아 계심은 개인의 경건 생활에서도 드러나야 하고, 교회를 통해서도 드러나야 하고, 사회적 삶의 영역에서도 드러나야 하고, 또 드러나게 되어 있다. 쉐퍼가 하나님이 실재하신다는 사실을 논리적으로 변증하기 위하여 심혈을 기울이면서도 위기의 상황에서 살아 계신 하나님에게만 의지하여 기도로써 문제를 해결한 것이나, 교회는 사랑의 실천을 증시해야 함을 강조한 것이나, 태아들의 생명이 무참히 희생당하는 현실에서 낙태반대 운동에 뛰어든 것이나, 하나님의 뜻과 법에 어긋나는 방법으로 나라를 통치하는 정부에 대하여 저항하는 시민 불복종 운동을 강조한 것 등은 모두 하나님이 살아 계신다는 진리를 이론뿐만 아니라 삶의 모든 영역에서 보여 주어야 한다는 신념에서 나온 것이었다.

더 읽을 문헌

* 데니스, 레인 T., 박삼영 역. 〈프란시스 쉐퍼의 생애와 사상〉. 서울: 한국로 고스연구원, 1995.
  (이 책에 담긴 평전은 쉐퍼에 대하여 가장 호의적이고 쉐퍼의 사상을 이해하는 입장에서 쓴 좋은 글이다)
* 듀리에즈, 콜린, 홍병룡 역. 〈프란시스 쉐퍼〉. 서울: 복있는 사람, 2009.
  (이 책은 쉐퍼의 아픈 손가락인 아들 프랭키 쉐퍼에 대한 부정적 시선이 너무 강한 것을 제외하면 비교적 공정하게 쉐퍼의 생애를 다룬 책이다)
* 성인경 편. 〈프란시스 쉐퍼 읽기〉. 서울: 예영 커뮤니케이션, 1997.
* 쉐퍼, 이디스, 양혜원 역. 〈이디스 쉐퍼의 라브리 이야기〉. 서울: 홍성사, 2001.
* 이상원. 〈프란시스 쉐퍼의 기독교 세계관과 윤리〉. 서울: 살림, 2007: 13-48.
* 버슨, 스콧, 월즈, 제리, 김선일 역. 〈루이스와 쉐퍼의 대화〉. 서울: IVP, 2009.
  (이 책은 알미니안주의의 입장에서 루이스를 변호하고 쉐퍼를 비판하는 입장에서 서술한 책으로 쉐퍼에 대한 편견이 많이 반영된 책이므로 주의를 요한다)
* Hankins, Barry, *Francis Schaeffer and the Shaping of Evangelical America. Grand Rapids: Eerdmans*, 2008.
  (이 전기는 쉐퍼에 대한 편향되고 공정하지 않은 비판을 너무 강하게 드러낸 책이므로 주의를 요한다)
* Schaeffer, Francis. "Why and How I Write My Books?" *Eternity*, 24 (March 1973): 76.
* James Emery White, *What Is Truth? A Comparative Study of the Positions of Cornelius Van Til, Francis Schaeffer, Carl F.H. Henry, Donald Bloesch, Millard Erickson* (Nashville: Broadman and Holman Publishers, 1994), 63.

미주

1) 이디스 쉐퍼, 양혜원 역, 〈이디스 쉐퍼의 라브리 이야기〉 (서울: 홍성사, 2001), 108.
2) James Emery White, *What Is Truth?: A Comparative Study of the Positions of Cornelius Van Til, Francis Schaeffer, Carl F.H. Henry, Donald Bloesch, Millard Erickson* (Nashiville: Broadman and Holman Publisheres, 1994), 63.
3) 에드가는 필자가 웨스트민스터 신학교에서 신학석사(Th.M.) 논문을 쓸 때 지도교수였다.
4) 콜린 듀리에즈, 홍병룡 역, 〈프랜시스 쉐퍼〉 (서울: 홍성사, 2009), 33.

A Through Train to Cassandra Cross

서구 지성사 분석과
기독교적 세계관
02
Chapter

철학은 질문을 제기하지만 질문에 답변을 주지 못하는 반면에, 성경은 철학이 제기한 질문에 대한 답변을 제시한다. 쉐퍼의 사상과 사역의 레드라인이 된 이 모토가 이론적으로 정교화 되고 거시적으로 확장된 작업이 서구 지성사의 탈 기독교화에 대한 사상적 분석과 기독교적 세계관 — 신관과 인간관 — 의 제안이다. 이 두 가지 내용은 쉐퍼의 기독교철학 3부작으로 알려져 있는 〈이성에서의 도피〉 *Escape from Reason*, 〈거기 계시는 하나님〉 *The God Who Is There*, 〈거기 계시며 말씀하시는 하나님〉 *He Is There and He Is Not Silent*, 〈그러면 우리는 어떻게 살것인가?〉 *How Should We Then Live?* 등에 집약되어 있다.

의도

서구 지성사의 탈 기독교화에 대한 쉐퍼의 사상적 분석과 기독교적 세계관의 제안은 로마서 1장 19절에서 23절 말씀이 문명사적인 규모에 있어서 진리임을 보여 준다. 19절부터 20절까지 바울은 하나님이 살아 계신다는 것, 살아계신 하나님이 내적으로는 인간 안에 하나님을 인식할 수 있는 신 인식 능력을 주셨다는 것, 살아계신 하나님이 만물을 만드셨고 그 증거를 만물 안에 명확히 두셨다는 것, 인간은 자신 안에 있는 신 인식 능력을 가지고 만물 안에 있는 창조주 하나님의 실재의 증거들을 얼마든지 인식할 수 있기 때문에, 모든 인간은 창조주 하나님이 계신다는 사실을 모른다는 핑계를 댈 수 없다는 것 등을 말한다. 쉐퍼의 주장은 창조주 하나님이 살아 계신다는 사실이 모든 문제의 답변이라는 것이다.

그러나 21절에서 23절이 말하는 것처럼 타락한 인류는 이 자명한 사실을 외면했다. 타락한 인류는 창조주이신 하나님을 알면서도 하나님을 영화롭게 하지 않고, 감사하지도 않고 그 생각이 허망해지고 미련한 마음이 어두워졌다. 그러나 인간은 창조주 하나님을 내보내고 텅 빈 자리를 그대로 두고는 살 수가 없다. "신 인식 능력"을 피해 갈 수 없는 인간은 그 자리를 다른 "신적(神的) 대체물"로 채워야만 했다. 인간은 자기에게 주어진 모든 지혜를 짜내어 고안해낸 신적 대체물로 그 빈자리를 채웠는데, 그것이 바로 사람과 동물 형태를 가진 우상이었다. 타락한 인류는 자신이 고안해낸 우상을 하나님으로 섬겼다. 그런데 인간이 고안해낸 우상은 그 질이 너무나 현격하게 떨어져서 하나님을 대체할 수 없었다. 우상은 끊임없이 문제를 제기했으나 문제에 대한 답변을 줄 수 없었다. 쉐퍼는 서구 지성사에 대한 분석을 통하여 서구 지성사는 끊임없이 신적 대체물을 고안해냈으나 이 신적 대체물은 인생의 문제를 해결할 수 없었고, 그 결과 서구인들은 자기 힘으로 헤어 나올 수 없는 수렁 속에 빠졌음을 보여 주고자 했다.

쉐퍼의 논지에 대한 이해를 돕기 위하여 세 가지 비유를 들고자 한다.

첫째로, 등산하는 경우를 생각해 보자. 바른 등산로를 찾기 위해서는 어떻게 해야 할까? 산속으로 들어가면 등산로를 찾을 수 있을까? 산속으로 들어가면 길을 잃는다. 산 정상에 올라가거나 비행기를 타고 산 전체를 한 눈에 조망할 수 있는 지점에 이르러야 바른 등산로를 찾을 수 있다. 이와 마찬가지로 인생과 세계 안에 갇혀 있어서는 인생과 세계의 문제를 풀 수가 없다. 인생과 세계 위에서, 인생과 세계 전체를 조망할 수 있는 위치에 서야 인생과 세계의 문제를 풀 수가 있다.

둘째로, 어떤 사람이 중학교 학생들에게 수학을 가르칠 수 있고, 어려운 질문이 들어 올 때 막힘없이 해답을 줄 수 있을까? 같은 또래의 중학생이 학교에서 배운 수준의 수학공부를 잘 하면 이 역할을 할 수 있을까? 아니다! 대학에서 수학을 전공하여 수학 전체를 한 눈에 꿰뚫고 있는 선생님이라야 비로소 중학교 수준의 수학에 관한 요구를 충족시켜 줄 수 있다. 이와 마찬가지로 인생과 세계 전체를 완벽하게 꿰뚫어 알고 있는, 이른바 "전지의" 존재라야, 비로소 인생과 세계의 문제에 대하여 막힘없는 대답을 줄 수가 있다.

셋째로, 항법장치나 네비게이션이 없는 상태에서 밤바다를 항해할 때 무엇을 표준으로 하여 나아가야 길을 찾을 수 있을까? 앞에서 같은 방향으로 가는 선박이 밝히는 불빛을 따라가면 안전하게 길을 찾을 수 있을까? 그 선박이 길을 잘못 들면 꼼짝없이 그 선박이 나아가는 잘못된 길로 갈 수밖에 없다. 그러면 어떻게 해야 할까? 배가 닿을 수 없는, 하늘에 움직이지 않고 항구적으로 한 자리에 변함없이 고정되어 있는 북극성을 기준으로 항로를 정하면 길을 잃지 않는다. 이처럼 인생과 세계 문제에 대한 해답은 인생과 세계를 초월하여 객관적으로 실재하며 변하지 않는 존재만이 제시할 수 있다.

쉐퍼가 보여주고자 하는 것이 바로 이것이다. 산 속에 파묻혀 있거나, 중학생 수준의 수학을 공부했거나, 앞에 가는 선박의 불빛 수준에 머물러 있는 안내자, 곧 인간이 고안해낸 신적인 대체물로는 인생과 세계의 문제를 해결할 수 없고, 수렁에서 빠져나올 수 없다. 서구 지성사의 탈기독교화에 대한 쉐퍼의 사상사적 분석이 보여주고자 한 논점이 바로 이것이다. 산 정상에서 산 전체를 조망할 수 있는 자, 수학이라는 학문 전체를 완벽하게 이해하는 자, 북극성 수준에 있는 자, 곧 객관적으로 실재하시는 창조주 하나님만이 인생과 세계의 문제에 대한 명쾌한 해답을 주실 수 있다. 쉐퍼가 제시하는 기독교적 세계관 — 신관과 인간관 — 이 바로 이 점을 보여 준다.

분석

a. 그리스-로마 시대: 인간적이고 결함이 많은 신들

현대 서구세계의 직접적인 조상은 그리스-로마 문명이다. 그리스인들에게 삶의 가치를 부여한 것은 도시국가(polis)였는데, 도시국가는 그리스인들에게 참된 삶의 가치를 부여하기에 충분한 터전이 되지 못했다. 도시국가가 고안해낸 신들은 유한한 존재들로서 큰 신들이 아니었다. 이 신들은 사람들보다는 큰 존재들이었으나 근본적으로 사람들과 다르지 않았다. 예컨대 헤라클레스의 상은 술에 취하여 오줌을 누는 자로 묘사된다. 그리스의 신들은 확대된 인간성일 뿐, 신성을 지닌 자는 아니었다. 이 신들을 다 합쳐 놓아도 삶, 도덕, 가치, 최종적인 결정 등을 위한 충분한 터전을 제시할 수 없었다. 이 신들은 이들을 만든 사회에 의존하고 있었기 때문에 이 사회가 붕괴되면 신들도 덩달아 무너졌다.

로마는 황제에게 신적인 지위를 부여했고 황제는 절대 권력을 가지고 신처럼 통치했다. 황제는 정치와 경제를 비롯하여 로마인들의 일상의 일들을 보장해주었다. 아우구스투스와 같은 황제는 도덕과 가정생활을 법제화했고, 아우구스투스의 후임 황제들은 인상적인 법률개혁과 복지 프로그램을 시도했다. 그러나 인간신이라는 신적 대체물은 빈약한 터전이었다. 황제라는 신적 대체물은 로마의 폭력과 성적 타락을 막을 수 없었다. 우선 로마문명은 매우 잔혹했다. 로마문명의 잔혹성을 잘 드러내는 관습이 검투사 경기였다. 경기장에서 검투사들이 칼로 잔인하게 상대방을 살해하는 동안 로마 시민들은 관중석에 앉아서 즐기면서 관람했다.

특히 로마는 하나님만을 신으로 고백하고 황제를 신으로 인정하지 않는 기독교인들을 경기장에서 맹수를 풀어서 물려 죽게 했고, 로마인들은 관중석에 앉아서 이 광경을 즐기면서 관람했다. 동시에 로마문명은 성적인 타락의 수렁에 빠져 들었다. 예컨대 폼페이는 음경(phallus)숭배가 강했고, 과장된 성행위에 대한 묘사가 조각과 회화에 반영되어 있다. 결국 로마는 이방인들의 침입을 막아내지 못하고 멸망했다. 로마의 신적 대체물인 황제는 로마 시대에 건축하여 오늘날도 유럽에 많이 남아 있는 아치형 돌다리들과도 같았다. 이 다리들은 튼튼하게 지어졌으나, 현대에 들어와서 화물트럭이 짐을 가득 싣고 건너는 것을 견디지 못하고 무너졌다.

이 아치형 돌다리처럼 로마인들이 신으로 섬기고 따랐던 황제는 로마인들의 삶과 도덕을 지탱해주지 못했다.

b. 중세시대와 토마스 아퀴나스: 은총으로부터 자연의 분리

토마스 아퀴나스(Thomas Aquinas, 1225-1274)는 인간은 하나님께 반역하여 타락했음을 말한다는 점에서는 성경적 기독교의 전통을 받아들인다. 그러나 그리스 철학자 아리스토텔레스의 강력한 영향을 받은 아퀴나스는 인간의 타락을 의지의 타락에 제한시키고 인간의 지성은 타락의 영향을 전혀 받지 않은 것으로 해석했다. 그리스의 주류 철학의 양대 산맥은 플라톤과 아리스토텔레스였는데, 플라톤이 절대자와 관념들을 강조한 반면에 아리스토텔레스는 개별자들을 강조했다. 개별자들이란 현실 속의 구체적인 사물들을 가리키는데, 개별자들 가운데 가장 중요한 개별자는 개인으로서의 인간이다. 아리스토텔레스의 영향을 받은 아퀴나스는 인간의 지성적 능력의 예찬자가 되었다.

아퀴나스의 인간관은 긍정적인 면과 부정적인 면을 아울러 가진다. 아퀴나스 이전에는 비잔틴 문화에서 나타난 것처럼 영적인 세계가 일방적으로 강조되고 일상의 삶 혹은 자연은 무시되었으나 아퀴나스 덕분에 자연과 자연 안에 있는 인간의 중요성이 부각될 수 있었다. 이것은 아퀴나스의 인간관이 가져온 긍정적인 측면이었다. 그러나 인간의 지성적인 측면이 타락하지 않았음을 강조하는 아퀴나스의 인간관은 중세시대의 구원론과 삶의 방식에 영향을 주었다.

중세시대의 구원론은 그리스도의 대속의 죽음은 인간 구원의 시동 스위치를 켠 것에 지나지 않으며, 생애의 마지막 순간에 궁극적인 구원에 이르기 위해서는 인간 자신의 선행이 있어야 한다는 행위구원론, 공로주의, 신인 협동설을 낳았다. 또한 인간의 지성이 타락하지 않았다는 말은 인간의 지성을 가지고 영위하는 일상의 삶이 하나님의 도움을 받지 않고도 자율적으로, 그리고 독립적으로 활동할 수 있다는 것을 의미하는 것이었다. 아퀴나스에게 있어서 하나님(은총, 상층부)은 영혼의 구원이나 교회 안에서의 삶에만 관계할 뿐, 현세의 삶의 영역(자연, 하층부)에는 관계하지 않았다. 한편에는 세상 속에서의 일상의 삶의 영역이 있고, 다른 한 편에는 하나님, 하나님의 특별한 은총, 하나님의 법이 있는데, 이 두 영역이 따로따로 놀았던 것이다. 그 결과 세상 속에서의 일상의 삶의 의미는 지성으로 대표되는 인간의 능력 안에만 있는 것으로 인식되었다. 토마스 아퀴나스 안에 르네상스의 전조가 이미 암시되어 있었다.

c. 르네상스: 자연이 은총을 집어삼킴

토마스 아퀴나스에 있어서는 하나님(은총, 상층부)과 자연(일상의 삶, 하층부)이 분리되어 있긴 했지만 하나님이 배제되지는 않았다. 그러나 르네상스 시대에 들어와서 하나님(은총)이 차지하는 자리는 급격히 축소되어 가다가 마침내는 자연(일상의 삶)으로부터 축출되었다. 하나님(은총)의 자리를 인간이 침범해 들어가 뒤섞이고 있음을 잘 보여주는 사례가 단테(Dante, 1265-1321)의 신곡(Divine Comedy)이다. 단테의 신곡에 등장하는 암시(allusions)들에는 기독교세계와 이방의 고전세계가 혼합되어 있다. 예컨대, 단테를 지옥으로 안내하는 자는 로마 시인인 버질(Virgil)이고, 여주인공으로 등장한 베아트리체(Beatrice)는 현실 속에 등장하는 실존인물이 아니라 단테가 평생 동안 두서너 번밖에 본 일이 없는 낭만적인 이상이자 일종의 영적인 환영(phantom)으로서 베아트리체와의 사랑은 기독교에서 말하는 현실 속에서의 사랑과는 거리가 먼 것이었다.

르네상스의 인문주의자들은 비기독교적인 그리스-로마세계를 집중적으로 언급함으로써 하나님을 배제하고 인간의 자율성을 철저하게 강화시키는 방향으로 나아갔다. 이 같은 방향전환은 건축에 반영되었다. 중세시대의 예배당은 하늘을 지향한다는 의미에서 뾰족탑 형식인 고딕 양식으로 세워졌으나, 르네상스 시대에는 고대 로마의 만신전(萬神殿, Pantheon)에 나타난 건축양식인 돔 형식으로 세워졌다. 르네상스 회화의 아버지는 남부 이탈리아의 마사쵸(Masaccio, 1383?-1447)였다. 마사쵸 이전에는 인간을 그릴 때 이상형을 그렸으나 마사쵸는 현실 속의 인간을 그렸다. 회화사상 최초로 초상화를 그리기 시작한 마사쵸는 땅에 발을 디디고 있는 인간을 처음으로 그린 화가였다. 이 사실은 그가 그린 "아담과 이브"(Adam and Eve)에 잘 나타나 있다. 이 그림에서 아담과 이브는 땅에 발을 디디고 있고, 에덴에서 쫓겨날 때의 고통스러운 모습이 현실감 있게 드러나 있다. 북부 이탈리아에서는 반 에이크(Van Eyck, 1390-1441)가 르네상스 미술을 주도했다. 반 에이크의 그림, "어린 양의 경배"(Adoration of the Lamb)는 피를 흘리고 있지만 꼿꼿이 서 있는 어린 양을 통하여 십자가에 죽으셨다가 부활하신 예수 그리스도를 보여준다. 그런데 이 그림에는 부자나 가난한 자를 비롯한 현실 속의 모든 사람들이 그리스도께 나아오는 장면을 보여주는 동시에 배경으로서 자연의 풍경을 처음으로 주제만큼 비중 있게 도입하여 관심이 인간과 자연을 향하여 옮겨가기 시작했음을 보여 준다. 프랑스의 푸케의 "붉은 처녀"(The Red Virgin)는 마리아를 그린 그림이다. 이전에는 마리아가 통상적인 사람을 뛰어 넘는 높은 거룩성을 가진 이상적인 여인의 상징으로서 현실에서는 존재하지 않는 자로 그렸으나 이제는 실질적인 남자 아이인 예수님에게 가슴을 드러내놓고 젖을 먹이는 실질적인 여인으로 그려졌다. 그런데 사실 이 그림의 모델은 프랑스 왕의 여주인인 아그네스 소렐(Agnès Sorel)이었다. 이 그림을 보는 사람들은 마리아보다는 소렐의 가슴을 생각하게 된다. 마리아를 현실 처녀로 그린 것은 정당했으나, 마리아를 그리스도와 같은 수준의 성인이자 구원자로까지 숭앙하는 로마 가톨릭교의 입장에서 볼 때 "붉은 처녀"는 성화의 의미에 심대한 타격을 입힌 것이며, 이는 신앙생활, 나아가서는 삶의 의미의 파괴를 예고하는 것이었다.

르네상스의 인본주의는 미켈란젤로(Michelangelo, 1475-1564)와 레오나르도 다빈치(Loenardo da Vinci, 1452-1519)에 이르러서 꽃을 피웠다. 미켈란젤로는 성경의 가르침과 비기독교적인 이방사상을 결합했다. 미켈란젤로는 이방의 여선지자들을 구약의 선지자들과 동등하게 취급했다. 미켈란젤로의 조각상 "다윗"(David)은 성경에 등장하는 유대인 다윗이 아니다. 조각상 다윗이 할례 받지 않은 것이 그 증거다. 다윗은 이름만 성경에서 빌려왔을 뿐, "인간은 위대하다"는 인본주의 이상을 구현한 이상형이다. 조각상의 다윗의 손은 비정상적으로 큰데, 이는 "미래를 인간 자신의 손으로 만들어 간다"는 자신감의 표현이다. 현실 속에는 조각상 다윗과 같은 남자는 없다. 조각상의 다윗과 같은 남자를 배우자로 꿈꾸는 여자는 평생 결혼할 수 없다. 그러나 종교개혁사상의 영향을 받은 비토리아 콜론나(Vittoria Colonna, 1490-1547)와 결혼한 미켈란젤로의 후기 작품에서는 인본주의 성향이 많이 약화되었다.

다빈치는 화학, 음악, 건축, 해부학, 식물학, 기계공학, 예수 등 다재다능한 능력을 가진 천재로서 르네상스가 추구한 이상적인 인간의 전형이었다. 최초의 현대 수학자였던 다빈치는 수학을 추상적으로 알았을 뿐만 아니라 모든 문제들을 해결하는 데 적용했다. 다빈치에게 있어서 수학은 모든 문제를 해결하는 신적 대체물이었다. 그러나 다빈치는 수학은 개별자들만을 가질 수 있음을 간파했다. 예컨대, 10이라는 숫자는 무한히 많은 숫자들 가운데 하나일 뿐이다(개별자). 10조라는 숫자도 무한히 많은 숫자들 가운데 하나일 뿐이다(개별자). 모든 숫자를 다 포괄하는 보편자로서의 숫자는 없었던 것이다! 다빈치는 개별자인 숫자만 가지고는 보편자, 삶의 의미를 발견할 수 없다는 사실을 알았다. 수학에만 의지하면 인간은 기계로 전락하게 된다는 사실을 깨달은 것이다. 다빈치는 그 빈 공간을 그림에 의지하여 해결하고자 했는데, 특히 영혼을 그리려고 했다. 그런데 다빈치가 그린 영혼은 기독교인들이 생각하는 각 개인의 영혼이 아니라 우주 전체에 편만한 영적인 실재, 곧 보편자로서의 영혼으로서 신적 대체물이었다. 그러나 다빈치는 보편자로서의 영혼을 그리는 데 실패했고, 결국 삶의 가치와 의미를 찾는 데 실패했다. 보편자를 추구한다는 점에서 다빈치는 플라톤의 영향을 받고 있음을 알 수 있다.

d. 종교개혁: 성경을 통하여 계시된 실재하시는 하나님

유럽 남부에서 르네상스 인본주의 운동이 진행되는 동안 독일, 스위스, 네덜란드를 중심으로 한 북유럽에서는 종교개혁 운동이 진행되었다. 종교개혁은 구원론을 중심으로 전개되었다. 로마 가톨릭 교회가 지성의 무오류성을 강조하고, 이에 부응하여 교회의 권위를 성경보다 더 높이고, 인간의 능력을 과신한 나머지 그리스도의 속죄의 능력은 시작에 불과하고 궁극적인 구원은 인간의 선행에 의하여 결정된다는 공로설을 주장하고, 그 폐해가 속죄표 판매 등으로 나타나자 중세의 구원론에 대한 비판이 시작되었다.

영국의 존 위클리프(John Wycliff, 1320-1384)는 성경이 최고의 권위임을 강조했고, 보헤미아의 존 후스(John Huss of Bohemia, 1369-1415)는 성경과 초대 교회의 가르침으로 돌아가서 성경이 궁극적 권위의 유일한 원천이라는 것과 구원은 그리스도와 그의 사역을 통해서만 온다는 것, 그리고 모든 신자들이 제사장들임(만인제사장설)을 강조했다. 후스는 1415년 7월 6일 화형 당하였고, 그의 추종자들이 보헤미안 형제단을 설립했는데, 이 단체는 후일 모라비아 교회로 발전했다. 마르틴 루터(Martin Luther, 1483-1546)가 1517년 10월 31일 95개 조문을 비텐베르크 교회의 대문에 붙이는 것으로 종교개혁이 폭발적으로 시작되었고, 칼빈(John Calvin, 1509-1564)은 〈기독교 강요〉 *Institutes of the Christian Religion* 를 출간하여 종교개혁을 신학적으로 뒷받침했다.

아퀴나스는 인간의 의지는 타락했으나 지성은 타락하지 않았다고 보았다. 따라서 그는 모든 삶과 세계의 문제들에 대한 해답을 인간 자신에게서 찾고자 했다. 그러나 종교개혁자들은 의지뿐만 아니라 지성을 포함한 전인이 타락했다고 보았기 때문에 인간 자신으로부터 삶과 세계의 문제들에 대한 해답을 찾지 않고, 성경을 궁극적인 권위로 인정하고 성경에 제시된 하나님의 답변에 주목했다. 인간은 하나님이 실재하시며, 실재하시는 하나님이 인간이 이해할 수 있는 방식으로 말씀하셨다는 사실을 받아 들여야 한다. 종교개혁자들은 성경과 교회의 권위를 동등하게 두지 않고 교회의 권위를 성경에 복종시키고 "오직 성경만"(Sola Scriptura)을 강조했다. 종교개혁자들은 성경이 종교의 영역뿐만 아니라 삶의 모든 영역에서 규범적 표준의 역할을 한다는 사실을 인정했다. 따라서 종교개혁자들은 인간을 포함한 개별자들의 의미를 찾는데 전혀 문제를 느끼지 않았다. 르네상스가 자율적인 인간을 중심점으로 둔 반면에 종교개혁자들은 성경에서 말씀하시는 무한하신 하나님에게 중심점을 두었다. 르네상스에 있어서는 개별자가 보편자를 밀어냈으나(개별자 vs. 보편자), 종교개혁에서는 개별자가 보편 자 안에 그리고 밑에 있었다(개별자와 보편자의 통일). 이처럼 보편자와 개별자가 통일되는 것이 가능한 이유는 두 가지다.

첫째, 성경은 하나님에 관한 진리를 인간에게 말씀한다. 왜냐하면 하나님이 자기 자신을 계시하셨기 때문이다. 유한한 인간은 하나님에 관하여 모든 것을 다 알 수는 없다. 그러나 인간은 적어도 궁극적으로 보편적인 것에 관한 진리를 알 수 있다. 보다 구체적으로 말해서 성경은 의미, 도덕, 가치에 대하여 인간에게 말할 수 있다.

둘째, 성경은 인간과 자연에 대해서도 참된 것들을 말한다. 성경은 세계와 우주에 관한 완전한 진리를 제시하지는 않지만 성경이 세계와 우주에 관하여 말하는 내용은 진리다. 인간은 자연에 관하여 많은 참된 것, 특히 사물들이 왜 존재하며, 왜 현재의 형태를 가지게 되었는가를 알 수 있다. 성경이 역사와 우주에 대하여 완전한 진리를 제시하지 않았기 때문에 역사가들과 과학자들이 할 일이 있고, 이들의 작업이 무의미하지 않은 것이다. 하나님은 무한하시지만 피조물은 유한하다는 점에서 하나님과 피조물 사이에는 완전한 단절이 있다. 그러나 인간은 하나님과 피조세계에 관하여 진리를 알 수 있다. 왜냐하면 하나님은 성경 안에 자기 자신을 계시하셨으며, 또한 성경 안에 하나님의 세계를 이해하는 열쇠를 두셨기 때문이다.

개별자들의 핵심인 인간에 대하여 성경은, 첫째로, 인간은 하나님의 형상으로 창조되었다고 말한다. 인간이 하나님의 형상으로 창조되었다는 사실은 인간의 존엄성의 토대다. 종교개혁자들은 이 관점에 근거하여 정직한 상인과 가정주부의 일을 포함한 모든 직업이 왕의 직업만큼 존엄하다는 만인제사장론을 전개했다. 그러나, 둘째로, 인간은 하나님께 반역하여 타락했다. 인간의 타락은 역사적이고 시공간적인 타락이었으며, 타락한 인간은 인간의 삶과 세계의 무한한 준거점인 인격적 하나님과 적절한 관계 안에 서는 것을 거부했다. 그 결과 인간은 비정상적인 존재가 되었다. 타락한 인간은 그리스도의 완성된 사역에 의하여, 그리고 믿음을 통하여 직접적으로 하나님께 나아간다. 그리스도의 십자가상의 희생은 무한한 가치를 지니며 인간은 그리스도의 사역을 얻기 위하여 어떤 일도 행할 필요가 없으며, 어떤 것을 더할 필요도 없다. 구원은 오직 믿음을 통해서만 주어진다.

종교개혁자들이 예술에 대하여 적대적이었다는 것은 잘못된 주장이다. 종교개혁자들은 예수를 유일한 중보자로 강조하는 성경의 가르침에 어긋나는 성상들에 대해서는 반대했으나, 예술 활동을 반대하지는 않았다. 루카스 크라나하(Lucas Cranach, 1472-1553)는 친구인 루터의 정교한 초상화를 그렸다. 루터 자신이 훌륭한 음악가였다. 루터는 훌륭한 테너였고, 악기를 다루는 데 능숙했다. 루터가 속한 성가대의 지휘자 요한 발터(John Walter, 1496-1570)가 펴낸 찬양집에는 루터가 작사 및 작곡한 "내 주는 강한 성이요"가 수록되어 있다. 이 무렵부터 회중도 찬양에 참여할 수 있었는데, 그 근거는 "모든 신자가 하나님께 직접 나아갈 수 있다"는 만인제사장론이었다. 뤼벡(Lübeck)의 오르간 주자 디트리히 북스테후더(Dietrich Buxtehude, 1637-1707)는 요한 세바스찬 바흐(Johann Sebastian Bach, 1685-1750)에게 큰 영향을 주었다. "메시아"로 잘 알려져 있는 프리드리히 헨델(Friedrich Handel, 1685-1759)이 북스테후더의 후임자로 내정되어 있었으나 북스테후더가 새 오르간 주자는 자기 딸과 결혼해야 한다는 조건을 내거는 바람에 헨델의 오르간 주자 임명은 무산되었다.

바흐는 종교개혁이 낳은 작곡가들의 정점에 있는 음악가로서 루터의 강력한 영향을 받았다. 바흐는 음악의 형식과 가사를 성경적 진리와 연결시켰다. 바흐의 음악은 통일성과 다양성을 보여 주었는데, 이는 보편자(하나님)가 개별자(피조물들과 인간들)를 그 안과 밑에 두는 성경의 특성에 기인한다. 보편자(하나님)가 개별자(피조물들과 인간들)에게 의미를 부여하는 것처럼, 바흐의 음악에는 끊임없는 변화와 다양성이 무질서 속에 빠지지 않고 질서 있게 배열되어 있다.

미술에서 종교개혁의 전통을 반영한 화가로는 네덜란드의 알브레히트 뒤러(Albrecht Dürer, 1471-1528)와 렘브란트(Rembrandt, 1606-1669)가 있다. 뒤러는 "부엉이"가 잘 보여주는 것처럼 하나님이 지으신 세계가 실질적인 가치를 지니고 있음을 그림을 통하여 보여 주고자 했다. 렘브란트는 참된 기독교인으로서 그리스도께서 자신을 위하여 죽으셨음을 믿었다. 렘브란트가 1633년에 그린 "십자가를 세움" *Raising the Cross*을 보면 푸른 베레모를 쓴 남자가 그리스도가 못 박힌 십자가를 일으켜 세우는데, 이 남자는 렘브란트 자신이다. 렘브란트는 이 그림을 통하여 자신의 죄가 그리스도를 십자가에 못 박았음을 세상을 향하여 선언한다. 렘브란트는 그림을 통해 인간은 위대하면서도 하나님께 반역한 잔인한 죄인임을 보여 준다. 이와 동시에 개별자는 하나님의 선한 피조물로서 즐거움을 안겨주는 대상들이기도 하다. 그의 그림 "다나에" *Danae*는 따뜻한 분위기의 아름다운 여인의 나신을 그렸는데 이 여인은 렘브란트의 부인으로서, 화면에는 나타나 있지 않는 남편 렘브란트가 왼쪽으로부터 오는 것을 사랑스럽고 부드러운 모습으로 맞이한다. 렘브란트는 자기 스스로를 하나님으로 만들지 않으면서도 하나님의 세계 한 가운데 서서 하나님의 세계와 그 형식을 회화에 자유자재로 사용했다.

르네상스의 유럽 남부와 종교개혁의 유럽 북부에게 모두 자유가 주어졌으나, 남부에서는 자유가 방종으로 나아갔다. 그 이유는 르네상스 인본주의가 개별자들의 삶에 의미를 부여해 주지 못했고, 도덕에 있어서 절대자에게 이르는 자리가 없었기 때문이다. 그러나 북부의 종교 개혁가들은 성경의 가르침 아래 서서 자유를 얻었지만 동시에 자유를 절대적 가치 밑에 두었다.

e. 과학(열린 체계)과 과학주의(닫힌 체계)

아리스토텔레스는 사변적 논리에 근거한 과학을 전개했다. 아퀴나스가 아리스토텔레스를 받아들이면서 중세의 과학은 아리스토텔레스의 권위에 눌려 논리에 근거한 사변과학으로 전개되었다. 그러나 로저 베이컨(Roger Bacon, 1214-1294)과 로버트 그로스테스트(Robert Grosseteste, 1175-1253)를 중심으로 한 옥스퍼드 그룹이 아리스토텔레스의 오류를 비판하고 나서면서 과학관의 변화가 시작되었다. 이 변화를 가능하게 한 것은 종교개혁사상이었다.

프란시스 베이컨(Francis Bacon, 1561-1626)은 기존의 권위를 맹목적으로 추종하는 사변철학을 비판하고, 주의 깊게 관찰하고 체계적인 정보를 수집하여 "자연의 비밀을 풀어낼 것"을 강조했다. 베이컨은 인간의 역사적 타락과 역사 안에서의 반역을 인정하는 등, 성경의 권위를 신중하게 받아 들였다. 베이컨에 의하면 인간은 타락함으로써 무죄의 상태와 피조물을 지배하는 위치로부터 탈락했다. 그러나 이 두 가지 손실은 어느 정도는 회복되었다. 무죄의 상태로부터의 탈락은 종교와 믿음을 통하여 회복되었고, 피조물을 지배하는 위치로부터의 탈락은 예술과 과학을 통하여 회복되었다.

아이작 뉴턴(Sir Isaac Newton, 1642-1727)은 만유인력의 법칙을 발견했고, 만유인력이 계산가능하다는 결론을 내렸다. 뉴턴은 떨어뜨린 물체의 소리와 되돌아오는 반향 간의 시간적 간격을 재는 방법으로 소리의 속도를 알아냈다. 뉴턴은 성경의 가르침에 따라서 우주를 창조하신 하나님이 성경을 통하여 사람들에게 진리를 주셨다고 생각했다.

1662년에 설립된 "런던 왕립 자연지식 증진협회"(The Royal Society of London for Improving Natural Knowledge) 소속 회원들은 모두 기독교인들이었다. 이들은 우주 안에는 법칙이 있으며, 이 법칙은 과학적 탐구방법을 통하여 발견될 수 있다고 생각했다. 이들의 연구방법은 기적을 말하는 성경과 모순을 일으키지 않았다. 전류의 유도를 발견한 마이클 패러데이(Michael Faraday, 1791-1867)는 "성경이 말하면 우리도 말하고 성경이 침묵하면 우리도 침묵 한다"는 입장을 견지했다. 패러데이와 함께 전기에 관하여 연구한 제임스 클럭 맥스웰(James Clerk Maxwell, 1831-1879)은 하나님은 창조자이시자 법수여자로서 자신의 피조물 안에 법을 심어 두셨으며, 인간이 이 법을 발견할 수 있다고 보았다. 어떤 사람들은 알버트 아인슈타인(Albert Einstein, 1879-1955)의 상대성 원리가 발견된 후에 우주에 어떤 법칙이 존재한다는 생각이 바뀌지 않았는가 하는 의문을 제기하기도 한다. 그러나 쉐퍼에 따르면 이런 생각은 아인슈타인의 이론을 오해한 것인데, 왜냐하면 아인슈타인의 상대성 이론에 따르면 빛은 우주 안 어느 곳이든지, 진공 안에서는 일정한 속도로 나아간다는 법칙을 가정하고 있기 때문이다.

기독교적 관점은 과학을 가능하게 하는 터전이 된다. 첫째로, 하나님은 우리 자신들보다 훨씬 더 합리적인 분이시기 때문에 우주 안에 법칙을 두셨으며, 우리는 이 법칙을 읽어낼 수 있다. 둘째로, 우주 안에 있는 대상은 객관적으로 확실한 실재이기 때문에 과학 탐사의 대상이 된다. 셋째로, 자연은 신들과 금기들로 가득 찬 곳이 아니라 하나님의 피조물이며, 따라서 탐구의 대상이 된다.

그런데 기독교적 관점에서 전개하는 과학은 "열린 체계 안에서의 자연적 원인들의 제일성(齊一性, uniformity)"이다. 이 말의 의미는 첫째로, 우주는 제한된 시간의 범주 안에서 인과의 법칙에 따라 움직이며, 인간은 이 법칙을 발견할 수 있다는 것이다. 둘째로, 그러나 우주는 하나님과 인간이 자연의 인과의 법칙 밖에 있기 때문에 하나님과 인간에 대하여 "열려 있는" 우주다. 곧 하나님은 인과의 법칙에 구애받지 않고 기적을 행하실 수 있으며, 인간도 인과의 법칙을 거스르는 결단을 할 수 있다.

17세기와 18세기의 과학자들은 하나님이라는 이름을 계속하여 사용하긴 했지만, 점차 하나님을 자신들의 과학체계 밖으로 밀어내다가 나중에는 완전히 밀어내고, 이른바 하나님에 대하여 완전히 닫힌 체계, 곧 "닫힌 체계 안에서의 자연적 원인들의 제일성"으로 나아갔다. 닫힌 체계를 주장한 과학자들은 하나님에게 자리를 허용하지 않았는데, 결국 인간에게도 자리를 허용하지 않는 결과에 이르렀다. 인간이 결정론적이고 행동주의적인 기계로 전락된 것이다. 사람들을 포함하여 모든 것이 우주적 기계의 일부로 간주되었다. 인과율은 물리학, 천문학, 화학에 적용되었을 뿐만 아니라 심리학과 사회학에도 적용되었다. 과학자들의 전제, 곧 이들의 철학적 기초는 자연주의 혹은 유물론이었다. 철학적 유물론의 초기 옹호자는 루드비히 포이에르바하(Ludwig Feuerbach, 1804-1872)였다. 유물론은 모든 세계 현상을 물질들의 관계에서 발견되는 법칙으로 설명하려는 시도를 의미한다.

독일 예나 대학의 생물학자였던 에른스트 헤켈(Ernst Haeckel, 1834-1919)은 물질과 에너지는 영원하다고 주장함으로써 물질과 에너지를 신적 대체물로 제시했으며, 인간의 정신 혹은 영혼을 유물론의 토대에서 설명하고자 했다. 헤켈은 인간에게는 의지의 자유가 없다고 보았다. 이런 방식으로 생각하기 시작하자 하나님이나 인간은 축출되어 버렸다. 심리학과 사회과학이 닫힌 체계의 일부가 되자 하나님만 죽은 것이 아니라 인간도 죽고, 사랑도 죽었다. 완전히 닫힌 인과론의 체계 안에서는 사랑이 자리잡을 여지가 없다. 왜냐하면 사랑은 음식물을 먹으면 자동적으로 소화를 시키는 것처럼 자동적으로 이루어지는 신체의 화학작용의 결과에 지나지 않는 것으로 인식되었기 때문이다. 또한 이 체계 안에는 도덕이 자리잡을 여지도 없으며, 자유가 차지할 자리도 없다. 사람들은 그저 기계의 한 부품에 지나지 않게 되고, 삶은 목적과 의미를 상실하고 만다.

찰스 다윈(Charles Darwin, 1809-1882)은 모든 생물학적 생명은 "적자생존"의 과정을 거쳐서 더 단순한 형태로부터 왔다는 개념을 제시했다. 그러나 일찍이 머레이 이든(Murray Eden, 1920-2020)은 아무리 오랜 많은 시간이 주어진다 하더라도 우연이 무질서로부터 생물학적으로 복잡한 생명체가 탄생시킬 가능성은 없다고 다윈의 진화론을 비판했다. 우연만이 작용한다면 생물학적 구조를 포함하여 존재하는 것이 지속적으로 복잡성이 더 강화되는 방향으로 나아가야 하는 이유를 찾을 수 없다는 것이다.

토마스 헉슬리(Thomas Huxley, 1825-1895)는 적자생존이라는 문구를 고안해냈고, 허버트 스펜서(Herbert Spender, 1820-1903)는 생물학적 진화이론을 윤리학을 포함한 삶 전체에 적용했다. 진화의 원리는 개별적인 것들에게 통일성을 부여하는 준거의 틀이 되었다. 결국 진화의 개념은 인종차별과 동정심을 외면한 재산의 축적과 남용의 문을 열었다. 나치의 비밀경찰 수장인 하인리히 히믈러(Heinrich Himmler, 1900-1945)는 자연의 법칙은 적자생존에서 그 길을 찾아야 한다고 주장했는데, 이 주장의 종착지는 가스실이었다. 히틀러는 기독교와 기독교의 자비의 개념은 "약함을 지배하는 강자의 윤리"에 의하여 대체되어야 한다고 입버릇처럼 주장했다. 현대 유전공학자들도 적자생존의 논증을 사용한다. 이들은 약자에게 의료적 치료를 하여 계속 살아 있게 해서는 안 된다고 주장했다. 이들이 이런 주장을 편 이유는 약자를 계속하여 살려 두면 이들이 더 약한 세대를 낳을 위험이 있다고 생각했기 때문이었다. 인본주의는 인간을 자율적인 존재로 만들기 위하여 시작되었으나 결과는 인본주의가 추구한 이상과는 거리가 멀었다.

f. 근현대철학, 현대신학, 현대문화: 절대적 규범의 상실과 삶의 파편화

계몽주의 이전까지의 철학은 이성을 통하여 실재가 무엇인가에 관한 통일적이고 참된 지식을 수립하고 인간과 세계 안에서 일어나는 일들에 대하여 설명하는 것이 가능하다고 생각했다. 그러나 계몽주의 이후의 철학은 이 같은 희망을 포기하기에 이르렀는데, 이 희망의 포기과정을 주도한 대표적인 철학자들은 장 자크 루소(Jean-Jacques Rousseau, 1712-1778), 임마누엘 칸트(Immanuel Kant, 1724-1804), 게오르크 빌헬름 헤겔(Georg Wilhelm Hegel, 1770-1831), 쇠렌 키르케고르(Søren Kierkegaard, 1813-1855)였다.

불어를 구사하는 스위스인이었던 루소는 인간의 이성에 의지하여 인간과 세계를 설명하면 인간을 포함한 모든 것이 기계로 보이게 된다는 것을 확인하고, 이를 극복하기 위해서는 문명인보다는 자연 상태의 원시인으로 돌아가야 한다고 생각했다. 루소와 그의 추종자들은 이성을 경시했고, 또한 문명이 인간의 행동을 규제하는 것을 악이라고 보았다. 이들은 인간은 자유롭게 태어났는데 도처에서 사슬에 묶여 있다고 보았다. 루소는 원시적인 것을 무죄한 것으로, 자율적인 자유를 궁극적인 선, 곧 신적 대체물로 보았다. 루소가 생각한 자유는 하나님 혹은 성경으로부터의 자유일 뿐만 아니라 모든 형태의 속박으로부터의 자유다. 이 자유 안에서는 개인이 우주의 중심이 된다.

루소는 개인의 자유가 사회계약을 통하여 집단의 "일반의지"에 완벽하게 반영된다고 확신했다. 루소의 일반의지론은 가공할만한 공포정치로 나아갈 수밖에 없는데, 그 이유는 일반의지에 복종하기를 거부하는 자들은 집단에 의하여 "자유로워지도록 강요당하기" 때문이다.

루소의 자율적 자유개념은 사회의 표준, 가치, 규제에 대항하여 싸우는 사람을 영웅으로 우대하는 보헤미안적 이상으로 나아갔다. 보헤미안적 이상은 1960년대 히피문화의 발원지가 되었다. 루소의 영향은 다양한 영역에서 나타났다. 요한 볼프강 폰 괴테(Johann Wolfgang von Goethe, 1749-1832)는 자연과 진리를 동일시했다. 괴테에게 있어서는 자연이 곧 하나님이자 인간의 모든 판단을 인허하는 궁극적인 존재였다. 폴 고갱(Paul Gaugin, 1848-1903)은 루소의 철저한 추종자로서 자연 그대로 살아가는 야만인을 이상적인 존재로 보고 야만인에게서 자유를 발견하기 위하여 가족을 버리고 타이티로 갔다. 그러나 고갱은 타이티에서 자신의 기대가 환상이며, 그곳에는 잔인성과 죽음만이 있다는 사실을 발견했다. 고갱은 타이티에서 매독, 우울증, 가난 등에 시달리면서 "우리는 어디에서 왔으며, 우리는 누구이며, 우리는 어디로 가는가?" *Whence Come We? What Are We? Whither Do We Go?*를 그렸다. 이 그림에 보면 왼쪽 중앙에 배치된, 먼 곳을 응시하는 우상을 통하여 자신이 우상에 끌려 타이티에 왔음을 암시했고, 중앙에 밝은 색깔의 과일을 따는 타이티 여인을 통하여 자신이 타이티에 와서 자유를 열정적으로 찾았음을 암시했는데, 왼쪽 귀퉁이에 침침한 색조로 고통스럽게 죽어가는 노파를 그려 넣음으로써 자신의 꿈이 좌절되었음을 드러냈다. 마르크 드 사데(Marguis de Sade, 1741~1814)는 자연이 전부라면 현존하는 것이 옳은 것이 된다고 말했다. 자연이 남자를 강자로 만들었는데, 따라서 강자인 남자는 약자인 여자를 마음대로 다룰 수 있다고 주장함으로써 가학증(sadism)을 정당화했다. 현존하는 것이 옳은 것이 될 때 도덕이나 법의 근간은 없어진다.

칸트는 세계를 신학과 의미와 가치의 세계인 본체계와 판단과 측정이 가능한 외부세계인 현상계로 나눈 후에 이성 ─ 순수이성 ─ 을 통한 본체계에 대한 인식가능성을 전면 부정했다. 칸트의 주장은 과학적 진리를 발견하는 방법인 인과율을 통해서는 하나님, 의미, 가치를 전혀 발견할 수 없다는 것이었다.

헤겔은 본체계와 현상계를 통일시킬 필요, 곧 현상계에 의미와 가치를 부여하는 본체계에 대한 지식이 필요함을 절감했다. 그러면 헤겔은 어떤 방법으로 본체계에 대한 지식을 획득하고자 했는가? 헤겔은 이성을 통하여 참된 절대적 진리에 이를 수 있다고 확신했다. 그러나 헤겔은 명제가 진리이면 반명제는 비진리라고 판단하는 동일률에 따라서 진리를 파악하지 않았다. 예컨대, 동일률은 어떤 행위가 옳은 행위이면 그것에 반대되는 행위는 그릇된 행위라고 파악한다. 헤겔은 "정반합의 변증법"에 따라서 진리, 곧 삶의 의미를 발견하고자 했다. 변증법이란 현실 속에서 모순되는 두 명제(명제와 반명제)을 읽어내고 두 명제간의 갈등구조로써 현실을 해석하는 논증법을 의미한다. 헤겔은 100% 진리인 명제는 존재하지 않는다고 보았다. 따라서 명제가 등장하면 반명제가 자동적으로 등장하는데, 반명제도 100% 진리는 아니다. 따라서 명제의 단점을 배제하고 장점을 모으고, 반명제의 단점을 배제하고 장점을 모은 후 종합하면(합의 명제) 참된 진리에 이를 수 있다고 보았다. 그런데 합의 명제에 이르고 보니 합의 명제도 100% 진리가 아님이 판명된다. 따라서 또 다시 반명제가 자동적으로 생성되고 다시 한 번 명제와 반명제를 종합하여 합의 명제에 이르고자 하는 시도가 이루어진다. 이런 시도를 반복함으로써 좀 더 완전한 진리에 접근할 수 있다고 헤겔은 보았는데, 이를 뒷받침하는 것이 진화의 개념이다. 그런데 문제는 이성을 통하여 완전한 진리에 이르고자 하는 과정이 무한히 계속된다는 것이다. 이 과정이 무한히 계속된다는 것은 무엇을 의미하는가? 이성을 통하여 완전한 진리에 이르는 것, 참된 삶의 의미와 가치, 참된 삶의 통합점에 이르는 것은 불가능하다는 것을 의미한다. 결국 헤겔의 변증법은 그 목적을 이룰 수 없었다.

키르케고르는 헤겔의 정반합변증법의 한계를 명확히 파악했다. 키르케고르는 이성은 언제나 염세주의로 귀결된다고 보고, 의미와 가치를 이성 "밖에서" 찾고자 했다. 쉐퍼는 키르케고르가 등장한 시기를 "절망선"이라고 명명하고, 서구의 지성사를 크게 키르케고르 이전과 이후로 나누었다. 왜 이 시기가 절망선인가? 키르케고르 이전에는 이성을 통하여 신적 대체물 — 하나님, 보편자 — 을 고안해내는 것이 가능하다는 낙관적을 신념을 가지고 있었는데, 키르케고르는 이 작업이 실패로 끝났음을 공식으로 선언하고 신적 대체물을 고안해내는 작업을 비이성에게 넘겨주었기 때문이다. 키르케고르는 이성적 추론이 아닌, "신앙의 도약"을 통하여 가치와 의미를 찾아야 한다고 주장했다. 키르케고르는 가치와 의미(상층부)를 비이성의 영역에 둠으로써 이성(하층부)으로부터 분리시키는 이분법 구조를 제시했다. 이것이 현대인의 사고의 틀이다. 이성은 인간을 포함한 모든 것을 우주적 기계의 일부로 파악한다. 이 사고를 받아들인 현대인은 결정론, 행동주의, 환원주의 방식으로 인간이 하는 모든 일들을 설명한다. 결정론 혹은 행동주의는 인간이 생각하고 행동하는 모든 것이 기계작용과 같은 것이며, 따라서 자유나 선택이라는 개념은 환상에 지나지 않는다고 주장한다. 환원론은 인간을 복잡한 구조를 가지고 있긴 하지만 분자 또는 에너지 입자에 불과하다고 생각한다. 예컨대 하버드 대학교의 화학자인 조지 왈드(George Wald, 1906-1997)는 "사백 년 전에 셰익스피어라는 분자집단이 있었고 이 분자집단이 햄릿을 생산했다"고 주장했다. 그는 또한 현대인은 우주는 비인격적인 물질로부터, 시간 안에서, 우연히 탄생했다고 주장한다(비인격성-시간-우연).

현대인들에게는 인격적인 하나님, 인간, 사랑, 자유, 의미가 차지할 자리가 없다. 인간으로부터 시작하면 인간을 다만 하나의 기계로 보게 되기 때문이다. 그러나 이런 입장을 가진 사람들이라도 기계처럼 살 수는 없다! 이것이 현대인들이 빠져 있는 딜레마다.

장 폴 사르트르(Jean-Paul Sartre, 1905-1980)는 이성의 영역에서는 모든 것이 무의미하므로 진정한 자아의 의미는 의지에서 찾아야 한다고 주장했다. 자아의 의미를 찾는 노력으로부터 이성이 배제되어 버렸기 때문에 의지는 어느 방향으로도 뛸 수 있었다. 예컨대 밤에 길을 건너는 노파를 돕는 의지의 행동뿐만 아니라 자동차 속력을 끌어 올려 행인을 사상케 하는 의지의 행동으로부터도 자아의 의미를 찾을 수 있었다. 그러나 사르트르는 "알제리 선언"(the Algerian Manifesto)에서 알제리 전쟁이 더러운 전쟁이라고 비판했는데, 이 전쟁의 옳고 그름을 판단할 때는 이성을 피해 가지 못했다. 마르틴 하이데거(Martin Heidegger, 1889-1976)는 사람들에게 실존의 확실성을 확신시켜 주는 것은 불안(Angst)이라고 주장했다. 이 불안은 대상을 향하여 느끼는 공포와는 다른 것으로서 아무런 대상이 없는데도 두려움에 사로잡히는 것을 뜻한다. 칼 야스퍼스(Karl Jaspers, 1883-1969)는 "궁극적인 체험"이 삶에 의미를 준다고 생각했다. 그런데 이 체험은 언어로 표현할 수 없는 것이었다. 올더스 헉슬리(Aldous Huxley, 1894-1963)는 마약을 해결책으로 제시했다. 건강한 사람에게 마약을 주면 머릿속에 진리가 떠오른다는 것이다. 그는 마약을 소마(soma)라고 명명했는데, 소마는 힌두교 신화에서 신들에게 만족감을 주는 약을 뜻한다. 헉슬리는 현대 서구세계에 편만해진 마약문화의 문호를 열었는데, 마약문화는 비틀즈(The Beatles)를 비롯한 록음악을 통하여 전파되었다. 헉슬리에게 있어서 진리는 마약에 취한 자기 자신의 머릿속에 있는 것으로서 객관적인 진리가 아니었다.

많은 현대인들이 우주에 있는 모든 것이 기계일 뿐이라는 유물론적 세계관을 받아들이는 대신 차라리 악마(demon)를 받아 들여 비이성의 영역에서 삶의 의미를 찾는 편을 선택했다.

초현실주의 화가 살바도르 달리(Salvador Dali, 1904-1989)는 신비주의적인 그림을 그렸는데, 이 그림의 주인공은 자기 아내였고, 가치와 의미의 세계는 항상 비현실적이고 신비스럽고 이성으로는 담을 수 없는 환영으로 처리했다. 예컨대 그의 대표작 중의 하나인 "최후의 만찬의 성례" *The Sacrament of the Last Supper*에서 만찬의 주최자는 달리의 아내가 차지하고 있고, 정작 그리스도는 환영으로 처리되어 천정으로 물러나 있다.

하나님, 가치, 의미의 상층부 세계는 비이성에게 넘겨주고, 비이성의 차원에서 가치와 의미를 찾고자 하는 실존주의적 방법론은 칼 바르트(Karl Barth, 1886-1968)에게 영향을 주어 실존주의 신학을 형성시켰다. 바르트가 상층부 세계를 비이성에게 넘겨준 증거는 그의 성경관에서 확인된다. 바르트에게 있어서 하나님, 가치, 의미를 부여하는 성경은 많은 역사적이고 과학적인 오류들로 가득 찬 비이성적인 책이었다. 그러나 바르트에게 있어서는 하나님, 가치, 의미를 전달하는 성경이 비이성적인가의 여부는 문제가 되지 않았다. 성경은 오류로 가득 차 있음에도 불구하고 — 창세기 초반부가 신화였음에도 불구하고 — 종교적 진리를 전달하는 데는 아무런 문제가 없다고 바르트는 생각했다. 이들은 하나님이라는 용어를 계속 사용했지만 그 안에는 아무 내용이나 다 집어넣을 수 있었다. 하나님이라는 용어에 힌두교의 신인 크리쉬나를 집어넣어도 아무런 문제가 되지 않았다. 그러나 바르트는 성경을 역사적이고 과학적인 오류로 가득 찬 책으로 보았기 때문에 도덕이나 법을 역사적 상황에 적용하는 데 필요한 기초를 제공할 수 없었다. 종교적인 것들은 모두 비이성의 영역에 속한 것이었기 때문이다. 폴 틸리히(Paul Tillich, 1886-1965)에게 있어서 하나님은 만물과 질적으로 동질적인 것이었다(범신론적인 범만물주의, pantheistic paneverythingism). 신정통주의 이후에는 사신신학이 등장하여 신의 죽음을 주장했다. 사신신학에서 말하는 신은 전통적인 신학에서 말하는 하나님과는 내용이 판이하게 다른 것이었다. 왜냐하면 전통적인 신학에서 말하는 하나님은 죽지 않는 영생하시는 하나님이신데, 사신신학은 죽는 하나님을 생각했기 때문이다. 하나님이 죽으면 하나님이 제시하는 모든 답변과 의미도 죽는다. 프리드리히 니체(Friedrich Nietzsche, 1844-1900)는 인격적인 하나님이 실재하시지 않으면 미치는 것이 유일한 해답이라고 생각했다.

하나님의 실재를 인정하지 않았을 때 인간세계 자체가 파편화된다는 사실은 화가들을 통하여 그대로 드러났다. 후기 표현주의 화가인 폴 세잔느(Paul Cézanne, 1839-1906)의 그림 "목욕하는 사람들"*Bathers*은 무서운 그림으로서, 몇 명의 목욕하는 여인들의 신체가 뭉개져 있거나 뒤틀려져 있는 것을 발견할 수 있다. 왼편 맨 앞의 여인은 얼굴이 없고, 오른편 첫 번째 여인은 손이 으깨어져 있고, 오른편 세 번째 여인은 왼쪽 팔이 잘려 나갔고, 맨 마지막 여인은 가슴과 배 부분에 여성의 하반신을 가져다가 포개 놓은 형태를 하고 있다. 이것은 파편화되고 망가진 현대인들을 상징하는 것이다.

파블로 피카소(Pablo Picasso, 1881-1973)의 그림 "아비뇽의 여인들"(Les Demoiselles d'Avignon)은 공포물 그 자체로서 세잔느의 그림에 등장하는 여인들보다 훨씬 더 기괴하게 망가져 있다. 맨 왼쪽 여인은 다리가 절단되어 있고, 손도 절단되어 머리 위에 가 있고, 맨 오른쪽에 앉아 있는 여인은 머리가 180도 돌아선 채 쳐다보고 있고, 오른쪽 손과 다리가 직선으로 하나로 연결되어 있고, 얼굴은 남자 얼굴이며, 오른쪽에 서 있는 여인은 얼굴이 죽은 자의 얼굴이다. 이 그림을 비롯한 피카소의 그림들은 파편화된 세계를 예견하는 것이며, 인간성이 실종된 세계를 담고 있다. 이런 특징은 이성에 근거한 인본주의적 희망을 보여주고 있는 르네상스의 미술과 차별화된다. 그러나 피카소는 자기가 견지한 세계관에 일치하게 살 수만은 없었다. 피카소는 자기가 사랑하는 부인 올가(Olga)의 초상화를 그릴 때는 화풍이 완전히 변하여 현실적인 아름다움을 한껏 드러내는 방식으로 그렸다. 마르셀 뒤샹(Marcel Duchamp, 1887-1969)의 "계단을 내려오는 나부"(Nude Descending a Staircase)에 이르러서는 인간과 세계가 완전히 파편화되어 인간과 사물의 모든 것의 가치가 없어지고 무모한 것으로 전락되었다. 이 그림을 보고 아무도 나부를 상상할 수 없게 되었다. 잭슨 폴록(Jackson Pollock, 1912-1956)은 모든 것이 우연의 산물이라고 생각하고, 캔버스를 바닥에 펼쳐 놓은 다음 물감을 담은 흔들리는 캔을 공중에 매달아 놓고 캔이 흔들려서 물감이 화폭에 떨어지는 것을 자기 작품으로 전시했다. 그러나 캔이 흔들리는 것도 우주의 법칙에 따른 것이요, 물감이 떨어지는 것이나 화폭에 번지는 것도 우주의 법칙에 따른 것이므로 폴록의 그림은 진정한 의미에서 우연의 산물이 될 수는 없었다.

예수님과 바울을 중심으로 한 사도들이 전한 역사적 기독교는 긴 박해의 터널을 통과한 후에 콘스탄틴 대제의 기독교공인을 계기로 하여 서구 지성사의 중심사상으로 자리 잡으면서 중세시대를 맞이했다. 그러나 중세시대부터 현대에 이르는 서구의 지성사는 탈기독교화의 길을 걸어 왔다. 16세기에 종교개혁이 있었으나 서구 지성사의 탈 기독교화를 막기에는 역부족이었다. 서구 지성사의 탈 기독교화의 핵심은 성경이 제시하는 하나님관과 인간관을 밀어내고 그 자리에 인간 스스로가 고안해 낸 신적 대체물을 집어넣어 그것으로부터 삶의 의미와 가치와 규범을 찾아내고자 하는 것이었다. 아리스토텔레스의 강력한 영향을 받은 아퀴나스로부터 헤겔에 이르기까지는 이성의 힘을 통하여 신적 대체물을 고안해내려고 시도했으나 이 신적 대체물은 인간에게 의미와 가치와 규범을 제시하기에는 역부족이었고, 의미와 가치와 규범을 상실한 인간은 기계와 같은 존재로 전락되었다. 그 결과 키르케고르 이후에는 더 이상 이성으로부터 의미와 가치와 규범을 찾고자 하지 않고 비이성적인 "믿음의 도약"을 통하여 의미와 가치와 규범을 찾고자 했다. 그러나 이성의 통제로부터 벗어난 비이성적 믿음은 무정형의 틀이 되어 선악을 불문한 온갖 형태의 인간의 주관적 기호와 의지가 다 들어가는 문을 열어 놓았고, 인간은 도덕과 질서를 상실하고 부도덕하고 무질서하고 파괴적인 혼란 속에 빠져들었다. 이성이든 비이성이든 인간으로부터 삶의 통합점을 찾고자 하는 시도, 곧 삶의 의미와 가치와 목적과 규범을 찾고자 하는 시도는 처참한 실패로 끝나고 말았다.

하나님과 인간

현대인은 삶에 의미와 가치와 규범을 부여해 주는 통합점 혹은 준거점을 상실했고, 그 결과 인간은 인간 됨을 상실했다. 이 문제를 해결하는 길은 인간이 고안해낸 신적 대체물을 폐기하고 그 자리에 성경과 역사적 기독교가 제시하는 하나님관과 인간관을 두는 것이라는 것이 쉐퍼의 주장이다. 그러면 쉐퍼가 말하는 신관과 인간관은 어떤 것인가?

쉐퍼는 기독교가 말하는 하나님은 "객관적으로 존재하시는 하나님"[1]이라고 말한다. 쉐퍼는 하나님의 객관적인 실재성을 강조한다. 쉐퍼가 하나님의 객관적 실재성을 강조하는 것은 성경적이고 정통주의적이고 역사적인 기독교권밖에서 통용되고 있는 표준적인 신관인 칸트의 신관, 곧 "실천이성의 요청으로서의 신" 개념을 거부하는 것을 의미한다. 그러면 "실천이성의 요청으로서의 신"이란 무엇을 뜻하는가?

칸트는 '인간은 이성을 가지고 이 세계에 대하여 어느 정도까지 알 수 있는가' 하는 문제에 관심을 가지고 당대의 모든 학문을 15년간 연구했다. 그런 칸트의 연구결과물이 〈순수이성비판〉으로 출판되었다. 칸트의 연구 결론은 순수이성(인과론을 추적하는 기능)으로는 본체계(쉐퍼가 말하는 상층부, 하나님, 영원, 영혼 등의 세계)에 대하여는 전혀 알 수가 없고, 현상계(물질의 세계)만 알 수 있다는 것이었다. 칸트는 〈순수이성비판〉을 통하여 현상계, 곧 우리의 일상의 삶의 세계로부터 하나님을 축출해 버렸다. 그러나 칸트는 도덕률을 헌법으로 세우고 도덕률에 철저하게 순종하는 사람들로 구성된 공화국을 건설하는 것이 꿈이었다. 그러기 위해서는 사람들에게 도덕법칙을 철저하게 지키는 도덕적인 삶을 살라고 권고해야 했다. 이때 칸트는 난관에 부딪쳤다. 사람들에게 도덕적으로 바르게 살라고 권고했더니 사람들이 이렇게 답변한 것이다. "당신은 하나님을 일상의 삶으로부터 축출해 버리지 않았소? 하나님의 심판도, 내세도 다 축출해 버리지 않았소? 하나님도 없고, 내세도 없고, 심판도 없는데 왜 우리가 고생스럽게 도덕적인 삶을 살기 위하여 절제하고 참아야 하오? 짧은 인생, 즐길 수 있는 한 최대한 즐기다가 가는 것이 최선이 아니요?" 칸트는 이 항의에 할 말이 없었다. 결국 칸트는 쫓아낸 하나님을 다시 불러들이기로 결정했다. 하나님이 실재하시고, 내세도 실재하며, 하나님이 모든 인류의 삶을 심판하신다고 말해야 사람들은 도덕적인 삶을 사는 시늉이라고 하기 때문이다.

그러나 칸트는 넉넉한 마음으로 하나님을 불러들인 것이 아니었다. 하나님을 내쫓을 때는 모든 사람들에게 알리면서 정문을 통하여 당당하게 내쫓았다. 그러나 하나님을 받아들일 때는 아주 궁색하게, 아무도 모르는 밤중에 살짝 불러 들였고, 집안의 안방을 내준 것이 아니라 작은 쪽방 하나를 내주면서 '거기 있다가 필요하면 부를 테니 부르면 나오라'고 말했다. 이것이 바로 "실천이성의 요청으로서의 하나님"이다. 칸트에게 있어서 하나님은 사람들에게 도덕적으로 바르게 살라는 권고를 해야 할 필요 때문에 존재하는 것으로 가정한 환영과 같은 것이었다. 이 하나님은 인간이 필요하면 존재하고 인간이 필요로 하지 않으면 존재하지 않는 하나님이다. 이 하나님은 철저하게 인간에게 의존하는 초라한 하나님이다. 그것은 마치 연극배우와 감독의 관계와도 같다. 배우는 감독이 "네 차례가 되었으니 연기해라"고 지시하면 무대에 나와서 화려한 연기를 펼치다가, 감독이 "네 차례가 끝났으니 내려오라"고 말하면 내려와서 한쪽에 앉아 대기한다. 배우는 철저하게 감독에게 종속되어 있다. 이처럼 하나님은 이성이 필요해서 "연기하라"고 요구하면 세계무대에 나와서 "나는 전능하다, 나는 말씀으로 세상을 창조했다"고 엄청난 말을 쏟아 놓다가, 이성이 "이제 네 역할은 끝났으니 내려와"라고 하면 이성의 눈치를 보면서 내려와 한쪽에 쭈그리고 앉는다. 이것이 "실천이성의 요청으로서의 하나님"이다. 인간의 기능의 일부인 이성 앞에서 꼼짝 못하는 하나님 — 신적 대체물 — 이 어떻게 인간과 세계의 삶 전체에 의미와 가치와 규범을 부여할 수 있는가? 인간이 고안해낸 하나님인 신적 대체물은 너무 작고, 너무 허약해서, 인간과 세계의 삶 전체에 의미와 가치와 규범을 부여할 수가 없다.

이 역할을 담당하기 위해서는 하나님이 인간으로부터 나와서는 안 되며, 또한 그 존재 여부가 인간의 주관적 판단에 좌우되어서도 안 된다. 하나님은 인간이 존재한다고 생각하든, 아니면 존재하지 않는다고 생각하든, 개의치 않고 객관적으로 실재해야만 한다. 그것은 마치 우리가 존재한다고 생각하면 태양이 존재했다가, 존재하지 않는다고 생각하면 태양이 존재하지 않는 것이 아니라, 태양은 우리가 어떻게 생각하는가 와는 상관없이 객관적으로 존재하는 것과도 같다.

그러면 객관적으로 실재하시는 하나님은 어떤 속성을 가지고 있는가? 이 질문에 대하여 쉐퍼는 하나님은 인격적이고 무한하신 하나님이라고 답변한다.

첫째로, 하나님은 인격적인 분이시다. 하나님은 인격을 가지신 분이시기 때문에 인간과 연속성이 있다. 또한 인간은 인격성을 지니고 있다는 점에서 인격성을 지니지 않은 다른 동물과 구분된다.

둘째로, 하나님은 무한하신 분이시다. 무한하신 하나님은 무한성 때문에 유한한 인간과 구분되며, 인간은 유한하다는 점에서 다른 동물과 연속성을 가진다.

이 두 가지 속성들은 현대인들이 직면한 두 가지 문제에 대하여 해답을 줄 수 있는 신적인 토대들이다. 이 두 가지 속성들에 대하여 좀 더 구체적으로 살펴보자.

하나님이 무한하시다는 말은 하나님은 인간을 초월해 계시며, 인간보다 크시며, 인간의 삶 전체를 조망할 수 있는 위치에 계신다는 뜻이다. 따라서 하나님은 인간에게 삶의 통합점, 곧 삶의 의미, 가치, 목적, 규범을 제시하실 수 있는 능력을 가지고 계시는 분이시다. 또한 하나님은 인격성을 지니고 계시기 때문에 인격성을 지닌 인간에게 삶의 의미, 가치, 목적, 규범을 언어의 형태로 인간에게 전달하는 것이 가능하며, 인간은 또한 그것을 이해하는 것이 가능하다.

하나님과 인간의 관계를 설정하고자 할 때 양자를 연결시켜 주는 끈이라고 할 수 있는 인격성의 문제에 대하여 좀 더 깊이 살펴보자. 하나님이 진정한 의미에 있어서 하나님이기 위해서는 통일성을 가지고 계시는 동시에 다양성을 가지고 계셔야 한다. 이 말의 의미는 하나님은 한 분이신 동시에 다수의 인격체 — 성부, 성자, 성령의 삼위 — 이셔야 한다는 뜻이다. 그 이유는 무엇인가?

인격의 특징은 "의사소통"과 "사랑의 교제"가 가능해야 한다는 것이다. 의사소통과 사랑은 인격을 가진 자의 삶에 의미와 가치를 부여하는 핵심적인 특징들인 바, 의사소통과 사랑의 교제가 가능하기 위해서는 인격자들이 반드시 둘 이상의 다수로 존재해야 한다. 독백은 의사소통이 아니며, 자기애는 사랑이 아니다. 하나님은 성부, 성자, 성령으로 존재하신다. 만일 하나님의 다양한 위격들로 존재하지 않으셨다면 하나님은 의사소통하고 사랑하기 위하여 필히 인격적 존재가 포함된 우주를 창조하셔야 했을 것이다. 그러나 하나님은 사랑과 의사소통을 위하여 인격적 존재가 포함된 우주를 창조하실 필요가 없으셨다. 인격적 존재를 포함한 우주가 하나님을 필요로 하는 것처럼, 하나님이 인격적 존재가 포함된 우주를 필요로 했던 것은 아니다. 왜냐하면 하나님은 이미 다수의 인격체인 성부, 성자, 성령의 세 인격체로 실재하셨기 때문이다. 성부, 성자 성령은 창세전에 이미 상호간에 의사소통을 하면서 서로를 사랑하셨다. "아버지께서 창세전부터 나를 사랑하시므로"라는 요한복음 17장 24절 말씀은 창세전에 이미 삼위의 위격들 사이에서 사랑이 오고 갔음을 증거하고 있으며, "그는 창세전부터 미리 알린바 되신 이"라는 베드로전서 1

장 20절 말씀이나 "하나님이 영원 전부터 약속하신 것"이라는 디도서 1장 2절 말씀은 삼위의 위격들 사이에서 의사소통이 이루어졌음을 증거한다.

인격자이신 하나님은 자신의 무한한 능력을 통하여 우주와 인간을 창조하셨다. 그중에서도 특히 하나님은 인간을 자신의 형상을 지닌 존재로 창조하셨다. 쉐퍼는 하나님의 형상의 내용으로서 인격성을 중시한다. 하나님이 인격적 존재이듯이 인간도 인격적인 존재다. 인격성을 매개로 하여 인간과 하나님 사이에는 연속성이 존재한다. 동시에 인격성 때문에 인간은 다른 동물이나 기계와 구별되며, 이들보다 우월한 존재가 될 수 있는 것이며, 인격성을 지니고 있기 때문에 인간은 기계가 할 수 없는 일을 하고, 기계가 아무리 인간보다 강해도 기계에 압도당하지 않는다. 그렇다면 하나님과 인간이 모두 인격성을 지니고 있다는 말은 무엇을 의미하는가?

대화와 소통

첫째로, 하나님과 인간이 모두 인격적 존재이기 때문에 하나님과 인간 사이에 의사소통이 가능하다. 창세 전 삼위의 위격들이 모두 인격적인 존재였기 때문에 삼위 사이에서는 실질적인 의사소통이 있었다.

하나님은 말이라는 형식을 통하여 의사소통을 할 수 있는 존재로 인간을 만드셨다. 하나님은 말을 통하여 인간과 의사소통을 하신다. 예를 들어서 하나님은 다메섹 도상에서 사울을 만나 히브리어로 자신의 뜻을 전달하시는 데 아무런 어려움이 없으셨다. "우리가 다 땅에 엎드러지매 내가 소리를 들으니 히브리 말로 이르되 사울아 사울아 네가 어찌하여 나를 박해하느냐 가시채를 뒷발질 하기가 네게 고생이니라"(행26:14). 또한 사울도 하나님이 하시는 히브리 말을 알아듣고 답변하는 데 아무런 어려움이 없었다. "내가 대답하되 주님 누구시니이까"(행26:15). 그러므로 키르케고르 이후에 비이성의 영역으로 넘겨진 신적 대체물(상층부)이 일상의 삶의 세계(하층부)와 의사소통을 하지 못하는 것과 같은 불상사는 일어나지 않는다. 하나님이 인간에게 모든 것을 빠짐없이 다 말씀하신 것은 아니지만, 하나님이 말씀하시는 부분에 있어서는 참되고 실질적 의사소통이 가능하다.

그러면 하나님이 인간에게 전달하시는 것은 무엇인가? 하나님은 종교적 진리들뿐만 아니라 역사와 과학의 영역에서까지도 명제적으로 증명이 가능한 사실들을 말씀하셨다. 한 하나님이 자기 자신, 인간, 역사, 우주에 대하여 말씀하셨다는 사실 때문에 이 모든 영역의 지식들 — 종교적 지식, 역사적 지식, 과학적 지식 — 사이에는 통일성이 있다. 하나님에 관한 진술과 역사적이고 과학적인 진술 사이에 갈등이 존재하는 것이 아니다. 상층부의 특징인 초월적 세계에 관한 지식은 하층부의 특징인 합리성과 갈등을 일으키는 것이 아니다. 하나님의 말씀은 비이성적인 것이 아니라 이성적이며, 자연에 대한 인과론적인 과학 탐구는 하나님이 자연에 대하여 기적적으로 간섭하는 것을 배제하지 않는다. 자연적인 인과관계의 원리를 가지고 자연세계 전체를 획일적으로 해명해 버리려는 과학주의(scientism)는 하나님에 대하여 "닫힌 체계"로서 기적의 가능성을 인정하지 않지만, 진정한 과학은 제한된 시간과 공간 안에서 자연현상에 대하여 인과율로 설명하면서도 하나님과 인간이 자연을 재구성할 수 있는 가능성에 문을 닫지 않는다.

하나님과 세계를 포괄하는 종교, 인간, 우주 등에 관한 하나님의 말씀은 성경이라는 수단을 통하여 전달된다. 성경에 나타난 계시는 모든 것을 포괄할 수 있는 정점이다. 하나님의 계시는 역사, 우주, 인간을 모두 묶는 규범이다. 인간은 하나님의 계시의 규범으로부터 자율적이 될 수 없다. 모든 인간의 문제는 하나님의 규범적 계시로부터 떠나서 자율적이 되는 것에서부터 시작된다.

의사소통과 관련하여 제기되는 문제는 인간의 언어를 통하여 내용을 전달할 때 의사소통이 과연 가능한가 하는 것이다. 이 질문이 제기되는 이유는 인간은 자신의 배경을 언어에 담음으로써 자신이 사용하는 언어에 자기 자신에게만 고유한 특별한 의미를 부여하는 바, 이 고유하고 특별한 의미가 과연 다른 배경을 가진 사람에게 전달될 수 있겠는가에 대하여 의문이 있기 때문이다. 현대인은 자신의 신적인 대체물인 비이성적인 한계체험을 타인에게 전달하는 데 실패했다. 그러나 쉐퍼는 언어에 전달자의 특수한 배경이 담겨 있는 것은 사실이지만, 언어 안에는 외적인 세계와 경험과 중첩되는 부분이 있기 마련임을 지적한다. 따라서 비록 어떤 단어의 의미를 완전히 알 수는 없지만 참된 지식을 가지기 위해서 반드시 완전한 지식이 필요한 것은 아니며, 완전하지는 않더라도 정확한 의미전달은 가능하다고 말한다.

사랑의 교통

둘째로, 창세전에 삼위 하나님의 위격들 사이에서 이루어졌던 의사소통은 단순한 생각의 교환에만 머물렀던 것은 아니다. 삼위의 위격들 사이에서는 이미 사랑의 교통이 있었다. 현대인은 사랑을 갈구하고 있지만 항상 사랑이 아닌 어떤 것으로 전락하곤 하는데, 그 이유는 무엇인가? 현대인에게는 인간들 사이의 개별적인 특수한 사랑을 떠받쳐 줄 보편적 사랑 — 하나님의 사랑 — 의 개념이 없기 때문이다. 역사적 기독교가 말하는 인간의 사랑은 우연히 인간 안에 형성된 개념이 아니라 항상 객관적으로 실재하는 토대로부터 기원한 것이다. 다시 말해서 인간의 사랑은 삼위 하나님의 위격들 사이에서 오고 갔고, 또 현재 오고 가고 있고, 미래에도 변함없이 오고 갈 실질적인 사랑에서 기원한 것이다. 삼위 하나님의 위격들 사이에서 오고간 사랑이 하나님과 인간 사이의 수직적 사랑으로 나타나 하나님은 인간을 사랑하고 인간은 하나님을 사랑하게 되었다. 이 사랑에 근거하여 인간은 이웃을 사랑하라는 명령을 받았다. 기독교인은 삼위 하나님의 위격들 사이에서 나누어진 사랑에 대한 모든 것을 알지는 못하지만 그 사랑에 대한 참된 앎을 가진 자들이다.

결정론에 함몰되지 않은 인간

셋째로, 인간이 인격성을 지닌 존재로 창조되었다는 사실은 죄의 기원과 성격을 이해하는데 결정적으로 중요하다. 존재하시기 이전에 프로그램화된 분이 아니신 하나님은 인간도 비결정적인 존재, 곧 자유로운 선택의 능력을 가진 존재로 창조하셨다. 이처럼 인간을 비결정적 존재, 곧 자유로운 선택의 능력을 가진 존재로 파악하는 인간관은 20세기의 특징 이 되어 버린 결정론적 인간관 — 그것이 사드의 화학적 결정론이든, 프 로이트의 심리학적 결정론이든, 크릭의 유전학적 결정론이든 — 에 대 하여 철저하게 비판적인 입장에 선다. 무한하시면서도 인격체이신 하나 님은 인격적 존재인 인간에게 선택할 것을 요청하신다. 피조물인 인간의 목적은 하나님을 사랑하는 것이다(신6:4-6; 마22:36-38). 그런데 창조주를 향 한 피조물의 사랑에는 하나님의 명령에 대한 순종이 포함되어야 한다. 따라서 하나님은 역사의 시공간적인 어느 한 시점에 아담에게 하나님께 순종하는 길과 불순종하는 길 중에서 선택할 수 있음을 전제로 한 명령 을 주셨다. 이때 아담과 하와는 자유로운 선택에 의하여 하나님의 명령 에 불순종함으로써 타락하게 되었다. 이 사건은 인간의 타락을 설명하기 위하여 인간이 고안해낸 상징이나 신화가 아니라 시공간 안에서 실제로 일어난 역사적 사건이다. 이 사건은 자유로운 선택의 능력이 주어진 상 태에서 행한 행동이고, 따라서 이 행동의 결과에 대하여 책임을 져야 한 다는 의미에서 도덕적인 문제다. 아담과 하와의 타락은 어떤 화학작용의 결과물이 아니며, 유전자에 의하여 결정된 문제도 아니며, 심리적인 메 커니즘에 의하여 어쩔 수 없이 일어날 수밖에 없는 행동이 아니었다.

또한 자유로운 선택을 강조하는 인간관은 바르트의 변증법적이고 역 설적 인간관을 배격한다. 바르트에 따르면 실물에는 그림자가 필연적으 로 뒤따르고, 빛에는 어두움이 뒤따르고, 무한에는 유한이 필연적으로 뒤따르고, 빛에는 어두움이 필연적으로 뒤따르고, 아름다움에는 추함이 필연적으로 뒤따르는 것처럼, 선에는 악이 필연적으로 뒤따른다고 주장한다. 이 주장에 따르면 악은 선을 창조할 때 필연적으로 수반되는 것이므로 악에 대한 책임이 하나님에게 있게 된다. 바르트에 따르면 인간이 죄를 범하는 것은 유한한 피조물로서 불가피한 것이 된다. 또한 생명에는 죽음이 필연적으로 수반되는 것이므로 인간이 죽는 것도 인간 자신의 죄 때문이 아니라 하나님의 창조질서 그 자체 안에 속한 것이 되어 죽음과 죄와의 관계가 단절된다.

그러나 성경의 가르침에 따르면 죄는 하나님의 명령에 불순종하는 인간의 자유로운 선택 행동에 의하여 성립된다. 하나님은 자신의 성품을 표현하는 절대적인 도덕적인 명령을 인간에게 주셨다. 인간이 우주의 입법가이신 하나님의 도덕법에 상치되는 결과를 산출할 때, 곧 하나님의 법을 깨뜨릴 때, 인간은 하나님과 이웃과의 관계 안에서 참된 도덕적 죄책을 지닌다. 바르트가 말한 것처럼 죄가 하나님이 창조질서 그 자체에 속한 것이라면, 죄를 범하여 도덕적 죄책에 빠진 인간의 딜레마를 해결할 길이 없어진다. 그러나 죄가 하나님이 원래부터 창조질서 안에 두신 것이 아니고 하나님이 미워하시는 악한 것이라면 하나님이 죄를 해결할 해결책을 제시하실 수가 있다. 그리고 하나님은 해결책을 제시하셨다. 그 해결책은 이것이다. 거룩과 사랑이신 하나님이 그의 사랑 안에서 세상을 사랑하사 자기 아들을 보내셨다. 이제 역사 안에서, 곧 갈보리 십자가 위에서, 공간과 시간 안에서, 예수께서 죽으셨다. 예수께서 죽으셨을 때, 인간의 죄와 죄책이 십자가에 달리신 그리스도께 전가되어 대속이 이루어졌고, 참된 예수의 죽음이 지닌 무한한 가치가 참된 도덕적 죄책을 상쇄시켰다. 이처럼 악이 실질적으로 악이고, 하나님이 자기 독생자를 십자가에 달려 죽게 할 만큼 악을 미워하시고, 하나님의 본질에 닿을 내린 불변의 도덕법이 존재한다면, 기독교인들이 악에 대하여 급진적으로 투쟁해야 하는 탄탄한 근거가 마련되는 것이다.

더 읽을 문헌

* Schaeffer Francis A. Escape from Reason. *In The Complete Works of Francis Schaeffer: A Christian Worldview*, Vol.I. Westchester: Crossway, 1987: 205–70.
* ─────. *Genesis in Space and Time. In The Complete Works of Francis Schaeffer: A Christian Worldview*, Vol.II. Westchester: Crossway, 1987: 1–114.
* ─────. *The God Who Is There. In The Complete Works of Francis Schaeffer: A Christian Worldview*, Vol.I. Westchester: Crossway, 1987: 1–202.
* ─────. *He Is There and He Is Not Silent. In The Complete Works of Francis Schaeffer: A Christian Worldview*, Vol.I. Westchester: Crossway, 1987: 275–352.
* ─────. *How Should We Then Live?* Old Tappan: New Jersey, 1976.
* 이상원. 〈프란시스 쉐퍼의 기독교 세계관과 윤리〉. 서울: 살림, 2003: 49–80.

미주

1) Schaeffer, *The God Who Is There*, 158.

A Through Train to Cassandra Cross

그리스도인의
삶과 교회
03
Chapter

진리의 삶

a. 참된 영성의 의미

그리스도인의 경건한 삶에 관한 쉐퍼의 사상은 〈진정한 영적 생활〉 *True Spirituality*에 정리되어 있다. 쉐퍼는 이 책에서 "참된 영성"이라는 어구가 등장할 때마다 "참된 그리스도인의 삶"이라는 설명을 수시로 덧붙인다. 이 설명은 참된 영성이란 곧 참된 그리스도인의 삶을 의미한다는 뜻이다. 여기서 영성이라는 말과 삶이라는 말이 서로 생소한 관계에 있는 것처럼 들릴 수 있다. 우리는 영성이라는 말을 들을 때 인간의 영 또는 영혼의 깊은 내향적인 세계를 생각하고, 삶이라는 말을 들을 때 외향적인 세계를 생각하게 된다. 이와 같은 생각은 영성과 삶을 서로 공유할 수 있는 부분이 없는 이원화된 두 세계로 인식하게 만든다. 이와 같은 맥락에서 영성을 계발한다는 것은 인간의 영혼의 능력을 강화시키는 것, 곧 다른 사람의 마음을 꿰뚫어 보는 투시의 은사를 받는다든지, 기도를 통하여 하나님으로부터 직통계시를 받는다든지, 신유나 방언의 은사를 받는 것 등과 같은 어떤 신비로운 능력을 계발하는 것을 의미하는 것이 된다.

그러나 쉐퍼가 영성을 말할 때는 인간의 영을 생각하고 있는 것이 아니라 성령을 생각하는 것이다. 쉐퍼가 말하는 영성은 "성령에 순응하는", 혹은 "성령에 의하여 영위되는"이라는 뜻을 가진다. 쉐퍼가 말하는 "참된 영성"은 "성령에 순응하는 삶", "성령에 의하여 영위되는 삶"을 가리킨다. 쉐퍼에게 있어서 "참된 영성"은 "그리스도인의 경건한 삶" 혹은 기독교윤리에 다름 아니다.

쉐퍼에게 있어서 성령의 활동범위 혹은 그리스도인의 삶은 외부세계로부터 단절되어 영혼의 내면으로 유아적(唯我的)으로 신비스럽게 침잠해 들어가지 않고 전인으로 확대되어 갈 뿐만 아니라 전 문화의 영역으로 뻗어 나간다. 쉐퍼에게 있어서 성령의 작용 혹은 그리스도인의 삶은 칭의와 성화를 모두 포괄하며, 이 전 과정에서 하나님이 누구인가를 알고, 하나님과 인격적인 관계를 맺으며, 하나님의 영인 성령에 순종하는 것을 의미한다.

그리스도인이 되는 유일한 길은 그리스도를 구주로 받아들이는 것뿐이다. 왜 이 길밖에 없는가? 모든 인류는 죄를 범했고, 자신이 범한 죄에 대하여 책임을 져야 하며, 이로 인하여 생명의 근원이신 하나님으로부터 분리되어 있기 때문이다.[1] 이 책임은 "참된" 책임이다. 이 책임이 "참되다"는 말은 이 책임이 "심리적인 어떤 감정"에 지나지 않는 것이 아니라는 뜻이다. 만일 이 책임이 단순한 심리적인 감정뿐이라면 심리적 조작을 통하여 해소될 수 있을 것이다. 이 책임은 또한 인간 앞에서 가지는 것이 아니라 무한하고 인격적이시고 거룩하신 하나님 앞에서 담당해야 할 실질적이고 진정한 책임으로서, 심리적인 조작으로 결코 해소될 수 없다. 이 죄에 대한 실질적인 책임은 인간 편에서의 어떤 공로도 개입되지 않은 상태에서 그리스도께서 구체적인 시공간 안에서 이룩하신 대속사역에 근거해서만 제거될 수 있다. 이 구속사역을 받아들일 수 있는 유일한 통로는 믿음이다. 이 믿음은 키르케고르가 말한 "어두움(무엇이 있는지 모르는 미지의 불안한 세계)으로의 도약"[2]이 아니라 역사 속의 십자가 위에서 성취된 그리스도의 완성된 사역을 받아들이는 것이다.

여기서 쉐퍼가 그리스도의 사역이 역사 안에서, 곧 시공간 안에서 실질적으로 일어난 사건임을 강조한 이유는 현대신학 특히, 바르트의 신학이 예수 그리스도의 구속사건의 역사성을 인정하지 않기 때문이다. 바르트는 실질적인 구속사역은 창세전에, 곧 시간 이전의 영원의 세계에서, 성부와 성자와 성령의 삼위일체 하나님 사이에서 일어났다고 주장했다. 삼위 하나님 사이에서 성부가 성자에 대하여 인류가 범할 모든 죄에 대하여 심판을 내리셨고, 성자가 그 심판을 받아들임으로써 구속사역이 이미 끝났다는 것이다. 그리고 세상을 창조하심과 더불어 역사 안에, 시간 안에 들어오실 때는 모든 인류의 죄를 아무런 조건 없이 용서하시는 ― 예수님을 믿는 사람이든, 믿지 않는 사람이든 불문하고 ― 절대적인 은혜의 하나님으로 등장하셨다는 것이다. 이것이 현대 자유주의 신학을 지배하고 있는 보편구원론이다.

그러면 바르트에 있어서 2,000년 전 골고다 언덕에서 있었던 구속사건은 무엇인가? 이 구속사건은 실질적인 구속사건이 아니라 창세전에 일어난 실질적인 구속사건을 시청각적으로 알려 주는 일종의 연극과 같은 것이다. 이 시청각적인 연극은 창세전에 실질적으로 있었던 구속사건을 알려주는 데 도움이 되기 때문에, 있으면 좋지만 없어도 인류를 구속하는 데는 아무런 문제가 없다. 왜냐하면 실질적으로 인류를 구원하는 근거가 되는 사건은 2,000년 전 골고다에서 일어난 사건이 아니라 창세전에 삼위일체 하나님 사이에서 일어난 사건이기 때문이다. 그것은 마치 영화나 연극을 통하여 예수님의 십자가 사건을 재현하는 경우에 비교할 수 있다. 영화나 연극을 통하여 시청각적으로 예수님의 십자가 사건을 재현하는 것은 예수님의 십자가 사건을 이해하는 데 도움이 된다. 그러나 이런 영화나 연극이 인류를 구원하는 것은 아니다.

바르트의 견해에 대하여 개혁신학은 어떻게 주장하는가? 인류의 구원은 물론 창세전의 영원의 세계에서 시작되었지만, 창세전의 영원의 세계에서는 구원의 실행이 있었던 것이 아니라 삼위 하나님 사이에 인류 구원에 대한 협의와 계획이 있었을 뿐이다. 이것을 신학에서 작정 또는 예정이라고 한다. 작정이라 함은 창조세계 전체를 만드시기로 계획하신 것을 의미하고, 예정은 창조세계 중에서 특히 인간을 만드시기로 계획하신 것을 가리킨다. 하나님은 어떤 계획을 세우셨는가? 역사 안에서 팔레스타인 땅에 성자 하나님을 인간의 몸으로 보내시고, 인류의 죄를 대신 지게 하시고, 십자가 위에서 대속의 죽음을 죽게 하셨다가 부활시키시며, 이 주님을 믿는 자만을 구원하시기로 계획을 세우셨다. 그리고 2,000년 전에 팔레스타인이라는 지역에서 그 계획을 실행하셨다. 그러므로 실질적으로 인류를 구원하는 근거가 되는 사건은 시간적으로는 2,000년 전, 공간적으로는 팔레스타인이라는 지역에서 예수님이 십자가에 죽으셨다가 부활하신 사건이다. 이 사건은 창세전에 있었던 일을 재현하는 드라마가 아니며, 있어도 좋고 없어도 좋은 사건이 아니라 반드시 있어야 할 사건이며, 이 사건이 없으면 인류는 구원받을 수 없다.

그리스도를 구주로 영접함으로써 인간은 거듭나고 새롭게 탄생한다. 새로운 탄생은 그리스도인의 삶에 있어서 필수적인 것이지만, 어디까지나 그리스도인의 삶의 시작에 지나지 않는다. 쉐퍼는 이렇게 말한다. "영적인 출생 후 중요한 것은 사는 것이다. 새로운 출생이 있고 그 다음에 살아내야 할 그리스도인의 삶이 있다. 이 삶이 성화의 영역이다. 이 영역은 새로운 출생 시부터 시작하여 현재의 삶을 거쳐서 예수께서 오실 때까지 혹은 우리가 죽을 때까지 계속된다."[3] 그리스도인이 그리스도인의 삶을 시작하고자 할 때 십계명과 사랑의 대강령을 비롯한 하나님의 명령들을 만나게 된다. 그런데 "탐내지 말라"고 명령하신 열 번째 계명에 나타난 것처럼 참된 그리스도인의 삶은 먼저 내적인 영역에서 이루어지며, 외적인 영역은 내적인 영역의 결과로 나타난다.

b. 그리스도인의 삶의 소극적 차원과 적극적 차원

참된 그리스도인의 삶은 두 차원으로 구성된다. 하나는 소극적 차원이고 다른 하나는 적극적 차원이다.

소극적 차원의 삶은 그리스도와 함께 죽는 것이며, 근거 본문은 "우리가 그의 죽으심과 합하여 세례를 받음으로 그와 함께 장사되었나니"라는 로마서 6장 4절의 전반절 말씀, "우리의 옛 사람이 예수와 함께 십자가에 못 박힌 것은"이라는 로마서 6장 6절의 전반절 말씀, 그리고 "내가 그리스도와 함께 십자가에 못 박혔나니"라고 한 갈라디아서 2장 20절의 말씀이다.

적극적 차원의 삶은 새 생명 가운데 행함이며, 근거 본문은 "우리로 또한 새 생명 가운데서 행하게 하려 함이라"는 로마서 6장 4절의 전반절 말씀이다.

그리스도인의 삶의 소극적 차원은 그리스도를 구주로 영접하는 순간 그리스도와 함께 죽는 것이다. 그러나 죽음은 여기에 머무르지 않는다. 그 이후에는 날마다 죽어야 한다는 명령이 주어진다. 예수님은 버림받고, 죽임당한 후, 부활하셨다. 예수님의 구속사역에서 이 순서는 반드시 준수되어야 했다. 예수님은 이 패턴을 그리스도인의 삶에 적용시키신다. 주님의 제자가 되려면 누가복음 9장 23-24절에 잘 나타난 것처럼 다음의 세 단계를 거쳐야 한다. (1) 자기를 부인하고 날마다 자기 십자가를 진다. (2) 주님을 위하여 목숨을 잃는다. (3) 구원받는다.

그리스도인이 그리스도의 죽음의 독특성을 망각하면 이단에 빠진다. 그리스도의 죽음의 독특성은 무엇인가? 대속의 죽음이다. 그리스도는 사람들을 구원하기 위하여 죄인들을 대신하여 죽으셨다. 사람들이 지은 죄를 대신 짊어 지셨고, 죄에 대한 형벌인 사망의 형벌을 대신 받으셨다. 대속의 죽음은 오직 그리스도만이 하실 수 있는 사역이다. 그 누구도 자기의 죽음으로써 다른 사람을 살려낼 수 없다. 만일 사람들 가운데 누구라도 이런 죽음을 죽는다고 주장하면 그는 자신을 예수님과 같은 수준의 구원자로 높이는 것이며, 이단의 교주가 되는 것이다. 그러나 그리스도의 죽음이 독특하다는 이유만을 말하면서 그리스도의 죽음이 그리스도인들과는 아무런 관련이 없다고 주장하면 황폐화된 정통주의에 빠지게 되며, 참된 그리스도인의 삶은 존재하지 않게 된다. 그리스도의 죽음이 그리스도인들과 관련되어 있다는 말은 그리스도의 죽음이 그리스도인이 본받아야 할 롤 모델이 된다는 뜻이다.

대속의 죽음이라는 의미의 그리스도의 죽음은 유일한 것이고, 일회적인 것이며, 한 번 의롭다 여김을 받으면 죄에 대한 책임이 영원히 사라진다. 그러나 그리스도의 죽음은 그리스도인들이 날마다 매 순간의 현실 상황 속에서 본받아야 할 롤 모델이 되어야 한다. 그리스도인이 생활 속에서 그리스도의 죽음을 본받는다는 것은 무엇을 의미하는가? 우리 사회는 그 어느 것에 대하여도 "아니오"를 말하려고 하지 않고, 크기와 성공을 기준으로 모든 것을 평가하며, 인간 자신의 자아가 삶의 중심을 차지하는 것을 정상적인 것으로 여긴다. 이런 사회 안에서 자아에 대하여, 자아의 자연적인 속성에 대하여, 합법적인 자기 소유가 아닌 것에 대하여 "아니오"를 말하는 것이 그리스도의 죽음을 본받는 것이다.

그리스도인의 삶은 그리스도의 죽음을 본받는 차원에 머무르지 않는다. 그리스도인의 삶은 그리스도의 부활을 본받는 것으로 나아가야 한다. 로마서 6장 4, 10-11절을 시간적 순서에 따라서 배열하면 다음과 같다.

* 그리스도의 구속사역

(1) "그의 죽으심" → 그리스도께서 역사 안에서 죽으셨다.

(2) "그리스도를 죽은 자 가운데서 살리심" → 그리스도께서 역사 안에서 살아나셨다.

(3) "하나님에 대하여 사심" → 그리스도께서 성부 하나님 앞에서 현재 살아 계신다.

* 그리스도의 구속사역을 신자에게 적용

(1) "그와 함께 장사되었나니" → 그리스도를 구주로 영접할 때 그리스도와 함께 죽음.

(2) "(그리스도와 함께 부활함)" → 새 생명 가운데 행함.

(3) "하나님께 대하여는 살아 있는 자로 여김" → 하나님의 임재 앞에서 삶.

그리스도의 부활을 본받는 것은 현재의 역사 안에서 믿음으로써 사는 것을 의미하며 새 생명 가운데서 행하는 것을 의미한다. 그리스도인들은 변화 산의 영광으로부터 현재의 삶으로 돌아 와야 한다. 그리스도인들은 현재의 삶에서 세상 사람들이 가지고 있는 전망과는 다른 전망 안에서 살아야 한다. 이 말은 그리스도인들이 하나님의 나라라는 새로운 전망 안에서 살아야 함을 뜻한다. 그리스도인은 세상에 부응하라는 끊임없는 주위의 사회적인 압력을 비롯한 온갖 유형의 압력을 깨뜨려야 한다. 세상이 주는 칭송, 세상의 재물, 세상의 권세가 상대화된다. 그리스도인은 한걸음 더 나아가 지체를 의의 무기로 하나님께 드려야 한다(롬6:13). "드리는 행위"는 수동적 태도가 아니라 인간 스스로가 선택하는 능동적인 태도다. 쉐퍼는 이렇게 말한다.

> 비성경적인 형태의 영성은 그리스도인에게 일종의 포기만을 거의 전적으로 강조한다. 성경은 이와 같은 의미의 영성 또는 그리스도인의 삶을 거부한다. 인간은 들판에서 사는 짐승이 아니다. 그리스도인의 삶은 단순하게 수납하는 태도만을 뜻하지 않는다. 수동성

안에는 능동성이 있어야 한다. 그리스도인은 능동적 수동을 통하여, 필연에 의해서가 아니라 선택에 의거하여 현재의 시공간적 역사체계 안에 있는 피조물이다.[4]

c. 적극적 수동성: 성령의 능력에 의하여 영위되는 삶

그리스도인의 삶의 동력은 어디에서 오는가? 그리스도를 구주로 영접하고 난 이후에는 내 안에 그리스도께서 사신다(갈2:20). 그리스도께서는 육체적 죽음을 통하여 세상을 떠난 그리스도와만 함께 계시는 것이 아니라 역사 안에서 현재 살고 있는 그리스도인 안에 계신다. 그리스도인 안에 계신 그리스도께서 포도나무가 가지로부터 열매를 내듯이 열매를 맺으시는 주체가 되신다(요15장).

그리스도의 능력은 성령을 매개로 하여 나타난다. 로마서 5장 5절은 "우리에게 주신 성령으로 말미암아 하나님의 사랑이 우리에게 부은바 됨이니"라고 말하고 있는데, 이 말은 성령을 통하여 그리스도의 능력의 핵심인 '사랑의 능력'이 신자에게 주어진다는 것을 뜻한다. 구원을 위하여 율법을 행해야만 하는 굴레로부터 벗어난 그리스도인들은 영의 새로운 것으로 섬기게 된다(롬7:6). 영으로써 몸의 행실을 죽이면 살아난다(롬8:13). 성령은 승귀하신 그리스도의 능력과 인격의 대행자다. 성령은 단지 새로운 관념에 불과한 존재가 아니다. 쉐퍼는 이렇게 말한다.

유한하고 타락에 의하여 특징 지어진 나는 상실된 비정상적이고 깨어진 세계 안에서 나 자신의 힘으로, 나 자신의 총명함으로, 나 자신의 인내, 은사들, 나 자신의 영적 은사 등으로 주의 일을 할 수 없다. 나는 존재하지만, 이런 것들을 힘의 원천으로 간주해서는 안 된다. 힘은 나 자신으로부터 올 수가 없다. 힘은 십자가에 달리시고 부활하시고 영화되신 그리스도의 힘인데, 이 힘은 성령이라는 대행자를 통하여, 믿음에 의하여 온다.[5]

그러나 우리가 유의할 것은 그리스도께서 성령의 매개를 통하여 열매를 맺을 때 우리 편에서의 신앙의 행위, 생각하는 행위가 있어야 한다는 점이다. 이것이 적극적 수동성이 뜻하는 것이다.

그리스도인의 삶이 성령을 매개자로 하여 나타나는 그리스도의 능력에 의하여 이루어진다는 말은 그리스도인의 삶이 자연과 역사 안에서 영위되지만, 초자연세계의 실재 안에서 이루어진다는 뜻이다. 그리스도인에게는 자연세계만 실재가 아니라 초자연세계도 실재다. 그리스도인에게 있어서 자연세계와 초자연세계의 차이는 하나는 눈에 보이고 다른 하나는 눈에 보이지 않는다는 것의 차이에 불과하다. 그리스도인은 중생, 죽음, 그리스도의 재림 때에만 초자연적인 것을 경험하는 자가 아니라 초자연적인 것의 현재 안에서 실천적으로 사는 자다. 변화 산 사건은 초자연의 세계가 우리의 삶의 세계로부터 멀리 떨어진 곳에 있는 것이 아님을 명백히 보여 준다. 세상만 그리스도인의 삶을 주목하고 있는 것이 아니라 하나님과 천사들도 그리스도인의 삶을 주목하여 보고 있다.

초자연적인 것의 실재성을 말하는 기독교적 세계관은 기적의 가능성에 대하여 문을 닫아걸고 자연적인 원인들만이 존재한다고 주장하는 자연주의 혹은 유물론적인 세계관과는 다르다. 초자연적인 세계의 실재성을 인정하지 않으면 올더스 헉슬리(Aldous Huxley)가 말하는 '멋진 신세계(Brave New World)'만 남는데, 이 세계 안에서 종교는 미래를 위한 사회학적 도구로 전락한다. 종교는 인간학, 심리학, 사회학으로 전락하며, 종교적 진술은 심리적 메커니즘에 지나지 않게 된다.

d. 칭의와 성화

구원은 과거, 현재, 미래의 세 단계를 모두 포함하고 있으며, 이 세 단계는 "칭의(과거) – 성화(현재) – 영화(미래)"로 이어지는 하나의 통일된 흐름을 형성한다. 이 세 단계 가운데 중요한 것은 칭의와 성화의 관계다.

칭의는 단회적 사건으로서 칭의 받은 자를 삼위 하나님과 새로운 관계속에 들어가게 한다. 성부가 칭의 받은 자의 아버지가 되시고 칭의 받은자는 아버지의 양자가 된다. 칭의 받은 자는 성자와의 신비한 연합 속에들어간다. 그리스도는 그의 신랑이 되고 그는 그리스도의 신부가 되며, 그리스도는 포도나무가 되고 그는 가지가 된다(요15장). 칭의 받은 자에게는 성령이 내주하시기 시작한다(요14:16,17; 고전3:16).

성화의 기초도 역사 안에서의 예수 그리스도의 성취된 사역이요, 그통로는 믿음이다. 성화의 삶은 십자가에 달리셨다가 부활하신 그리스도의 능력이 내주하시는 성령이라는 매개자에 의하여 매 순간마다 믿음을통로로 하여 행사됨으로써 이루어진다. 성화의 삶, 곧 그리스도인의 삶은 그리스도와 성령을 통하여 이루어지기 때문에, 그리스도인의 삶의 길을 알려 주는 하나님의 명령은 무거운 것이 아니다. "하나님의 사랑은 이

것이니 우리가 그의 계명들을 지키는 것이라 그의 계명들은 무거운 것이 아니로다"(요일5:3). 인간의 힘으로 하나님의 계명들을 지키고자 하면 이 계명들은 아주 무거운 것들로 다가온다. 그러나 예수 그리스도께서 십자가 위에서 이룩하신 구속사역을 묵상하면 이 계명들은 쉽고 가벼운 멍에가 되며, 동시에 성령의 힘에 의지하여 하나님의 계명들을 지키면 이 계명들은 또한 쉽고 가벼운 멍에가 된다. 하나님의 계명을 준수하는 것이 가벼운 멍에가 되는 이유는 무엇인가?

⑴ 마태복음 18장 21-35절에 용서할 줄 모르는 종의 비유가 나온다. 이 비유는 예수님 당시에 실제로 있었던 실화를 바탕으로 예수님이 비유로 각색하신 것으로 알려져 있다. 이 비유에 등장하는 임금의 모델이 된 사람은 헤롯왕이고, 1만 달란트 빚진 종의 모델이 된 사람은 헤롯 왕 밑에서 수십 년간 일해 온 국세청장에 해당하는 직위를 맡은 신하였다. 이 종은 정직하지 못한 신하였다. 이 종은 헤롯왕을 위하여 수십 년간 세금을 거두어 국고에 집어넣는 일을 했다. 그 과정에서 이 종은 꾸준히 비밀리에 착복해 왔다. 그의 착복 방법은 1,000원을 세금으로 거두면 100원만 국고에 들이고 900원은 가로 채는 것이다. 이 사실이 헤롯왕에게 보고가 되어 헤롯왕이 감사를 실시했다. 그 결과 이 종이 수십 년간 착복한 액수가 1만 달란트 정도 된다는 사실이 확인되었다. 달란트는 크게 계산할 수도 있고 작게 계산할 수도 있는데, 아무리 작게 계산해도 1만 달러 정도 되는 돈이며, 크게 계산하면 20만 달러에 상당하는 큰 돈이다. 20만 달러로 계산하면 1만 달란트는 20억 달러 정도 되는 액수이다. 우리나라 돈으로 환산하면 2조 원 정도 된다. 임금은 이 종에게 이 돈을 국고에 들여 놓으라고 명령했다. 이 종이 착복한 돈의 누적액수는 엄청난

규모가 되었으나 이 금액은 그 사이에 이미 다 써버렸기 때문에 남아 있는 돈을 가지고는 갚을 수가 없었다. 종은 임금에게 시간을 주면 어떻게 해서든지 갚겠다고 애원했다. 이 일이 일어난 해가 공교롭게도 희년이었던 것으로 알려져 있다. 임금은 그동안 이 종이 세금을 거두는 수고를 한 것을 높이 평가하고 마침 희년이 된 것도 감안하여 착복한 돈을 모두 탕감해 주었다.

1만 달란트를 조건 없이 탕감받은 종은 임금으로부터 물러나는 길에 자신에게 100 데나리온 빚진 동료를 만났다. 이 종은 빚진 동료의 목을 잡고 빚을 갚으라고 독촉했다. 1 데나리온은 노동자의 하루 품삯이다. 우리나라 돈으로 아마도 10만 원 정도 될 것이다. 100 데나리온은 1,000만 원 정도 되는 돈이다. 종의 동료는 반드시 갚을 테니 시간을 달라고 애원했으나 종은 잔인하게 이 동료를 옥에 가두어 버렸다.

이 광경을 목격한 다른 동료들이 옥에 갇힌 동료를 불쌍히 여겨서 임금에게 보고했다. 임금은 크게 노하여 종을 불러다가 "악한 종아 네가 빌기에 내가 네 빚을 전부 탕감하여 주었거늘 내가 너를 불쌍히 여김과 같이 너도 네 동료를 불쌍히 여김이 마땅하지 아니하냐"라고 책망한 뒤에 종을 다시 감옥에 가두고 빚을 다 갚도록 명령했다.

이 비유에서 임금은 하나님을 상징하고, 종은 신자를 상징하고, 1만 달란트는 신자가 하나님 앞에 날마다 지은 죄의 누적된 총합의 규모를 상징한다. 신자가 하나님 앞에 범한 죄의 누적된 규모는 너무나 엄청나서 인간의 힘으로는 해결할 수 없다. 그런데 하나님이 값없이 은혜로 이 누적된 죄들을 모두 용서해 주셨다.

100 데나리온을 빚진 종의 동료는 신자들의 이웃을 상징한다. 백 데나

리온은 이웃에게 행해야 할 의무들 — 네 이웃을 네 몸과 같이 사랑하는 것, 대접받고 싶은 대로 대접하는 것, 십계명 등 — 을 상징한다.

1,000만 원 그 자체는 적은 돈이 아니다. 어떤 사람이 1,000만 원을 빌려가고 떼어 먹는다면 평생 원수가 될 수도 있다. 그러나 2조 원의 빚을 탕감 받은 사람이라면 문제는 달라진다. 2조 원의 빚을 탕감 받아 본 경험이 있는 사람이라면 자기에게 1,000만 원 빚진 사람을 흔쾌히 그리고 쉽게 탕감해 줄 수 있다. 2조 원의 빚을 탕감 받은 사람이 1,000만 원의 빚진 동료를 탕감해 주지 않는다면 배은망덕한 악인이다. 하나님으로부터 죄 사함을 받아 본 경험이 없는 사람은 하나님이 주신 계명을 준수하는 일이 아주 어렵고 힘든 작업이 될 수 있다. 그러나 하나님으로부터 2조 원에 해당하는 누적된 빚을 조건 없이 탕감 받은 사람이라면 이웃에게 행해야 하는 하나님의 계명을 흔쾌하고 쉽게 실행할 수가 있으며, 만일 이 사람이 이 일을 실행하지 않는다면 배은망덕한 사람이 된다.

(2) 해안의 모래사장에 수백 척의 무거운 화물선들이 놓여 있다. 어떻게 하면 이 모든 화물선들을 바닷물에 띄울 수가 있을까? 사람이 달라붙어서 밀거나 기계 장치 등을 동원하여 화물선들을 바닷물에 띄우려면 매우 힘들 것이며, 사실상 불가능하다. 그런데 이 화물선들을 아주 쉽게 바닷물에 띄우는 방법이 있다. 밀물이 들어올 때를 기다리면 된다. 밀물이 밀려들어오면 수백 척의 화물선들은 가볍게 바닷물 위로 떠오르고 엔진에 시동만 걸면 가볍게 먼 바다로 미끄러져 나간다.

이처럼 하나님의 모든 계명들을 준수하는 일, 곧 하나님 나라의 사역을 인간의 힘과 지혜를 짜내어 하려고 하면 극히 힘들다. 그러나 기도를 통하여 전능하신 하나님이신 성령의 권능에 의지하여 일을 수행하면 극히 어려워 보이는 일들도 쉽고 가볍게 실행할 수 있다. 그리스도인의 삶은 성령과 동류(同流, concurrence)하는 삶이 되어야 한다. 성령의 도도한 강물에 몸을 싣고 함께 흐르면 어려운 일도 가볍게 행할 수 있다.

진리의 교회

쉐퍼는 성경을 믿는 그리스도인들로 구성된 교회는 두 가지 원리를 실천하는 공동체가 되어야 한다고 말한다. 하나는 가시적 교회의 순결의 원리이며, 다른 하나는 모든 진정한 그리스도인들 사이에서 관찰 가능한 사랑을 전시(展示)해야 한다는 원리다. 그리스도인들과 교회는 그리스도의 '신실한' 신부가 되도록 부름 받았을 뿐만 아니라 거룩한 신랑과 '사랑의 관계 안에 있는' 신부가 되도록 부름 받았다. 이 두 가지 원리는 쉐퍼가 현대 서구교회를 진단하고 분석할 때 비판의 기준으로 제시되고 있으며, 미래의 교회가 나아가야 할 방향을 제시할 때도 또한 규범적 지침으로 제시된다.

a. 가시적 교회의 순결

쉐퍼는 서구사회가 예레미야 당시의 이스라엘과 같이 참된 위로자이신 하나님을 버리고 기독교시대로부터 후기독교시대로 해체되어 가고 있으며, 하나님의 심판에 직면해 있다고 진단한다. 예컨대 미국의 경우에 1920년대 이전에는 기독교적인 신앙과 명제들에 대하여 대체적인 합의가 있었지만, 1960년대의 미국사회에서는 이와 같은 합의를 찾아볼 수 없게 되었다. 그 결과 서구사회에는 죽음의 재(the dust of death)가 짙게

드리워져 있다.

현 시대는 진정한 위로자에 굶주려 있으며, 또한 사랑, 아름다움, 의미, 안정된 도덕과 법에 굶주려 있다. 현 시대가 진정한 위로자를 상실한 이유는 웨스트민스터 신앙고백서가 밝히고 있는 것처럼 인간의 주된 목적이 하나님을 영화롭게 하는 것임을 잊어 버렸을 뿐만 아니라 하나님을 영원히 향유하는 것이라는 사실도 잊어 버렸기 때문이다. 참된 위로자를 상실한 현 시대에는 다만 죽음만이 있을 뿐이다. 여기에서 말하는 죽음은 핵전쟁 등으로 인하여 인간이 죽어 널브러져 있는 광경만을 묘사하는 것이 아니라 인격성의 상실까지도 의미한다. 하나님을 버린 현 세대는 풍요로움을 이용하여 간음의 죄를 범했고(렘5:7,8), 절대적인 진리를 믿지 않는 현 세대는 사람과 사람 사이에서도 진실하지 못하고 위선적인 모습을 드러냈으며, 하나님에게 의지하기를 포기한 현 세대는 세상, 세상의 영민함, 세상의 기술을 의지하다가 이것들에게 배반당한 채 하나님의 심판 아래 들어 가 있다.

현대의 종교지도자들은 예레미야 시대의 거짓 선지자들처럼 사회적 합의를 마치 하나님의 말씀처럼 말한다는 데 문제가 있다. 이들이 말하는 것은 이 사람이 말하는 것, 저 사람이 말하는 것, 유물론적인 경제학이 가르치는 것, 유물론적 철학이 가르치는 것들의 반향에 불과하다. 이들은 한걸음 더 나아가서 성경이 가르치는 내용에 대해서는 정상적인 문학형식으로 기록된 것으로 읽지 않고, 역사적 문법적 주석을 무시하며, 명제적인 시공간적인 역사내의 계시인 성경고유의 견해를 변경시킨 채, 성경기록의 영적인 부분만이 오늘날 우리에게 권위가 있다고 말함으로써 성경을 파괴한다. 이 시점에서 스탠리 그렌츠(Stanley Grenz)가 현대신학에 대하여 내린 평가를 참고하면 쉐퍼의 비평의 적실성이 더 강화될 것이다. 그렌츠는 칼빈주의 전통에 대하여 부정적인 관점을 가지고 의도적으로 칼빈주의 전통의 신학을 외면하는 편견을 가진 신학자이지만 슐라이에르마허로부터 시작된 구자유주의, 신정통주의 급진신학, 희망의 신학, 해방신학, 가톨릭신학, 설화신학, 그리고 일부 복음주의 신학이 모두 성경관에 있어서 전통적인 성경관으로부터 이탈해 있다고 바르게 지적했다.

현대문화는 현대문화 자체에 대하여 긍정적으로 발언할 때는 별다른 방해를 하지 않는다. 그러나 신앙을 가지고 심판을 설교하면 이스라엘이 예레미야를 핍박하듯이 핍박을 가한다. 이런 상황 속에서 "오늘날 하나님의 말씀을 설교하는 이들이 현대문화가 설교의 내용을 받아들이지 않기 때문에 초래된 참된 희생을 겪지 않으면서도 자신들이 우리 시대의 문화를 향하여 하나님의 일들을 정직하게 말하고 있다고 생각한다면 그는 실로 어리석은 사람이 아닐 수 없다."[6]

현대교회는 성경이 제시하는 인간관을 충분히 가르치지 않았다. 인간은 죄로 말미암아 타락했으나 여전히 하나님의 형상을 지닌 존재로서 도덕적 결단을 통하여 현세와 내세, 자기 자신과 타인들을 위하여 역사에 영향을 끼칠 수 있는 존재임을 충분히 가르치지 않았다. 동시에 현대교회는 영성(spirituality)이 지성(intellectual)과 통일을 이룬다는 사실, 인간의 구원은 칭의, 성화, 영화의 전 과정을 포괄하며 또한 개인과 문화의 차원을 모두 포괄한다는 사실, 기독교의 복음은 바르트적인 보편구원론을 가르치지 않으나 모든 인류의 필요를 충족시키는 보편적인 소식이라는 사실, 믿음에 의하여 사는 삶은 칭의의 순간에 기독교인이 되는 것뿐만 아니라 실존적인 삶의 모든 순간순간들도 포괄하는 삶이라는 사실을 가르치지 못했다.

복음주의 교회들도 신앙으로 칭의 받았고 신앙을 가지고 있다고 고백하면서도 자연주의적으로 생각하면서 불신자들과 다름없이 살아가는 경우가 있다. 이것이 교회에 속한 그리스도인들이 더럽고 비현실적이고 추상적인 감정을 갖게 되는 이유다. 예컨대 그리스도인이면서도 기도하는 삶을 살지 않는다면, 그가 교리에 대하여 아무리 바른 말을 하고 무신론자들을 아무리 예리하게 비난하더라도 실상은 유물론자의 자리에 있는 셈이다.

성경관의 위기. 복음주의 교회는 진리를 수호하는 싸움에 능동적으로 참여하지 못했으며, 심지어는 싸움 중에 있다는 사실조차 제대로 보지 못했다. 진리에 관련된 문제가 제기될 때 복음주의 교회는 아무 말도 하지 않았거나 세상이 제공하는 것과 다를 바 없는 내용만을 발표했을 뿐이다. 복음주의 교회는 시대의 정신에 적응했다. 이들은 약화된 성경관을 가지고 있었으며, 종교적인 문제들과 과학, 역사, 도덕의 문제들에 대하여 성경이 가르치는 모든 진리를 확신하지 못했다.

복음주의 교회는 성경을 연구할 때 고등비평을 받아 들였다. 뿐만 아니라 복음주의 교회는 사활이 걸린 중요한 문제들에 대하여 명확한 입장을 표명하지 못했다. 그렇게 함으로써 (1) 현 시대의 정신에 대응할 수 있는 성경의 능력을 파괴시키고, (2) 현대문화의 계속되는 몰락을 더 촉진시키고 있다.

오늘날의 복음주의자들은 성경의 영감과 권위의 본질이라는 문제에 있어 분수령에 서 있다. 복음주의 진영 안에서도 점점 더 많은 사람들이 성경의 무오성에 대한 자신들의 견해를 수정하고 있으며, 그 결과 성경의 권위가 허물어지고 있다. 성경의 권위를 충분히 인정하지 않으면 신학적인 면에서 기독교인의 의미의 문제뿐만 아니라 그리스도의 삶의 전 영역에서 영위되는 그리스도인의 삶에 있어서도 문제가 발생한다.

쉐퍼의 성경관을 바르게 이해하려면 성경이 성령의 감동으로 기록되었다(성경의 영감성)는 말과, 성경은 종교적으로나 역사적으로나 과학적으로 오류가 없다(성경의 무오성)는 말이 지닌 기본적인 의미를 이해하는 것이 필요하다.

성경은 성령의 감동으로 기록되었다. 디모데전서 3장 16절은 "모든 성경(구약성경)은 하나님의 감동으로 된 것"이라고 말하고 있고, 베드로전서 1장 21절은 "예언(구약의 말씀들)은 성령의 감동하심을 받은 사람들이 하나님께 받아 말한 것"임을 밝힘으로써 구약성경이 성령의 감동으로 기록된 서신임을 분명히 하고 있다. 베드로전서 3장 15-16절은 바울이 쓴 서신을 가리켜서 "다른 성경과 같이"라고 표현하고 있는데, 이 표현은 바울이 쓴 서신들, 나아가서는 신약의 서신들이 모두 성령의 영감을 받은 것이라는 뜻이다. 성경이 성령의 영감을 받아 기록되었다는 말은 성경에 오류가 없다는 뜻이다.

성경이 기록된 방법은 기계적 영감설을 포함하는 유기적 영감설. 어떤 성경은 하나님이 불러 주시는 것을 성경 기자가 그대로 받아 적는 방식으로 기록되었다. 특히 모세의 율법은 고대 근동문서를 모세가 가져다 놓고 편집한 것이 아니라 하나님이 불러주신 것을 모세가 받아 적은 것들이다. "여호와께서 이르시되", "여호와께서 말씀하시기를"이라는 표현이 성경에 무수히 많이 등장하는데, 이 표현들은 하나님이 육성으로 불러 주시는 것을 모세가 받아 적었다는 뜻이다(기계적 영감설). 그러나 모든 성경이 이런 방식으로 기록된 것은 아니다. 대부분의 성경책들은 다음과 같은 방법으로 기록되었다. 첫째로, 성령께서 성경 기록자에게 강하게 역사하셔서 죄의 영향을 차단하여 기록에 영향을 끼치지 못하게 한 다음에, 둘째로, 성경 기록자의 성격, 기질, 은사, 재능, 교육정도, 문화정도, 어휘, 문제, 생활방식 등을 억누르지 않고 살리셔서 기록자들이 스스로 언어를 선택하게 하고, 생각을 변화시켜 말하게 하는 방법으로 기록하게 하셨다(유기적 영감설).

성령의 영감의 범위: 축자영감설. 쌀 매판장에서 쌀이 진품인가의 여부를 어떻게 검사하는가? 산더미처럼 쌓여 있는 쌀을 다 풀어놓고 한 알 한 알 다 검사하지 않는다. 무작위로 쌀자루의 한 곳으로부터 샘플을 채취한 다음 검사하여 품질이 좋으면 자루 안에 있는 쌀을 모두 품질이 좋은 쌀로 간주한다. 이처럼 예수님이 구약성경 중에서 어느 한 구절을 무작위로 인용하시면서 "성령의 감동으로 하신 말씀"이라고 주장할 수 있었던(마22:43-44) 이유는 구약의 모든 구절들 하나하나가 모두 다 성령의 감동으로 기록된 말씀들이었기 때문이다. "여호와께서 이르시되", 또는 "여호와께서 말씀하시기를"이라고 말하면서 주신 말씀들이나 "모든 성경은 하나님의 감동으로 된 것"이라는 디모데후서 3장 16절의 말씀은 글자 하나하나가 성령의 감동으로 기록되었음을 뜻한다(축자영감설).

원본 유실의 문제. 성경이 성령의 감동으로 기록되었다는 말은 성경 원본을 두고 하는 말이다. 그런데 신약성경의 경우 오늘날 성경원본은 유실되어 남아 있지 않고 불완전한 사본들만 존재하므로 성경경감과 무오의 문제는 순전히 이론상의 문제일 뿐, 실제적인 가치는 없다는 비판이 제기되었다. 이 비판에 대해서는 두 가지 반론을 제기할 수 있다.

첫째로, 사본의 불완전성을 너무 과장해서는 안 된다. 헬라어 사본 4,000개, 벌게이트(Vulgate) 사본 6,000개, 라틴 역본 1,000개가 남아 있다. 필사자들은 정확하고 신실한 태도로 필사했다. 물론 부정확하게 필사된 부분들이 상당수 있으나, 11,000개의 사본을 비교 연구해 보면 정확한 원본의 형태를 알아내는 것은 충분히 가능하다. 특정한 본문에 대하여 사본에 있는 1,000개의 문구 가운데 999개가 일치하고 1개가 다르면 일치하는 999개의 문구가 원본이라고 해도 무리가 없다. 뿐만 아니라 사본상의 차이 때문에 중요한 기독교 교리의 내용에 변경이 일어나야 하는 경우는 없다.

둘째로, 사본만 남아 있고, 원본은 없으니까 성경 영감론과 성경 무오론은 필요 없다는 생각은 잘못된 것이다. 강에 다리가 놓여 있다고 가정해 보자. 강물이 불어나 다리 위에 발목이 잠길 정도로 수위가 상승했다. 그 결과 다리가 눈에 보이지 않게 되었다. 이 경우에 우리는 조심해서 다리를 건널 수가 있다. 다리가 눈에 보이지 않는데도 불구하고 다리를 건널 수 있는 이유는 무엇인가? 눈에는 보이지 않아도 물 밑에 튼튼한 다리가 있다는 사실을 확실하게 알기 때문이다. 눈에 보이지 않는 곳에 실제 다리가 있는지 없는지 알 수 없을 때 다리를 건널 수 있을까? 눈에 보이지 않는다고 해서 다리를 아예 없애 버리면 다리를 건널 수 있을까? 그것은 불가능하다. 이처럼 어떤 사고로 성경원본이 우리 눈에 보이지 않게 되었다 하더라도 원본은 성령의 감동으로 기록되었으며, 따라서 오류가 없다는 사실을 알기 때문에 사본과 번역본만 가지고도 하나님의 계시를 알 수 있고, 그 계시에 근거하여 신앙생활을 할 수가 있다. 원본이 눈에 보이지 않는다고 해서 원본의 영감성과 무오성에 대한 확신을 없애 버리면 사본들과 번역본들의 권위가 중대한 손상을 입게 된다.

또 하나의 비유를 든다면, 대통령이 특사를 파견했을 때, 특사를 만난 사람이 대통령을 볼 수 없어도 대통령이 살아 있고 현직에 있다는 분명한 확신이 있을 때 특사가 제 역할을 할 수 있다. 대통령이 눈에 보이지 않는다고 해서 대통령을 아예 없다고 단정해 버리면 일순간에 특사의 권위는 무너져 버리고 만다.

성경이 현대과학과 맞지 않는다는 비판. 성경의 진술이 현대과학과 맞지 않는다는 비판에 대해서는 두 가지 답변이 가능하다.

첫째로, 성경은 사태를 설명할 때 과학의 서술방법인 인과론적인 방법으로 서술한 책이 아니라 현상적으로 관찰되는 모습 그대로를 정직하게 묘사한 책이다. 따라서 성경을 인과론적인 기준을 가지고 보아서는 안 된다. 두 진술은 범주 자체가 다르다. 인과론적인 방법으로 묘사한 것만이 진리가 아니라 시각적으로 관찰되는 모습 그대로를 묘사하는 것도 진리다. 시편 114편 3절에 보면 "해 돋는 데서부터 해지는 데까지"라는 표현이 나온다. 인과론적으로 묘사하려면 지구의 자전과 공전을 말해야 한다. 그러나 현상적으로 볼 때 해는 동쪽에서 떠올라서 서쪽으로 지는 것도 사실이다. 오늘날 기상 캐스터들도 해 뜨는 시각과 해지는 시각이라고 말하고 자전과 공전을 말하지 않는다. 욥기 37장 18절에 보면 하늘의 모습을 "구름장을 두들겨 펴서 넓게 만들어 녹여 부어 만든 거울"이라고 표현하는데, 이것도 인과론적 서술이 아니라 현상적 서술이다.

둘째로, 성경기자들은 그들이 살던 시대에 통용되던 과학적 설명을 반영하지 않았다. 어떤 서술들은 당시의 과학적 수준으로는 상상 자체가 힘든 것으로서 하나님의 특별한 계시가 아니면 불가능한 것들이다. 욥기 26:7에 보면 "땅을 아무 것도 없는 곳에 매다시며"라는 표현이 등장한다. 욥이 살던 당시의 사람들은 지구를 우주의 중심에 두고 천동설의 관점에서 우주를 설명했다. 그것이 당시의 과학이었다. 당시의 과학의 관점에서는 지구가 허공에 매달려 있다는 생각 자체를 할 수가 없다. 이 표현은 성령이 욥을 감동시켰기 때문에 나온 설명으로서 당시의 과학의 수준을 월등히 뛰어 넘는 진술이다.

쉐퍼는 성경의 영감과 무오에 대하여 타협함이 없는 성경관을 유지해야 하는 이유들로서 두 가지를 지적한다.

첫째로, 타협함이 없는 성경관만이 성경이 성경 자체를 통해 우리에게 가르치는 내용, 그리스도께서 성경에 관하여 말씀하시는 내용, 교회가 여러 세대를 거쳐 오면서 일관성 있게 가르쳐 온 내용에 충실할 수 있다.

둘째로, 타협함이 없는 성경관만이 우리 앞에 놓여 있는 어려운 시기들을 견뎌낼 수 있다. 구원의 문제에 있어서뿐만 아니라 역사와 우주에 관해서도 성경에 오류가 없어야만 우주의 실존과 형식, 그리고 인간의 독특성에 관한 문제들에 답변할 수 있다. 절대적인 도덕적인 규범이나 구원의 확실성이 없어지면 다음 세대의 기독교인들이 디디고 설 땅이 없어지고 만다. 복음적인 기독교인들에게 호의적이던 시절은 지나갔다. 상대주의와 상대주의적인 사고 위에 건설된 문화의 압력에 버티어 낼 수 있는 힘은 강력한 성경관을 견지하는 길밖에 없다.

슬프게도 오늘날의 복음주의 교회에는 하나님의 절대적인 명령들에 대한 헌신이 없다. 성경관에 있어서도 일부 복음주의 교회는 "성경 안에는 오류가 있지만, 그럼에도 불구하고 성경 안에는 의미체계, 가치체계, 종교적인 내용들이 들어 있다고 주장하면서 성경을 객관적인 세계로부터 분리시키고 내적인 증언이라는 주관적 체험으로 대체하는" 신정통주의 성경관을 받아들이고 있다. 그 결과 복음주의 교회에서도 이혼, 재혼, 가정, 교회의 질서의 문제와 관련된 성경의 가르침을 문화의 산물로 보고, 사회와 문화에 성경을 굴복시킨다. 성경의 무오류성을 인정할 때, 곧 성경이 하나님의 말씀이요 절대적인 것이며 객관적인 진리임을 받아들일 때, 끊임없이 변화하는 타락한 문화에 함몰되지 않을 수 있다. 성경의 무오류성을 견지하지 않으면 이 특권을 누릴 수가 없다. 성경의 무오류성을 인정한다는 것은 성경의 권위를 유보함이 없이 충분히 인정한다는 것을 뜻하는데, 이 말은 신학적인 논점에서만 이해되어서는 안 되고, 우리가 실제로 믿고 있는 것이 진리인가의 여부를 증명하는 삶을 보여 주어야 한다는 뜻까지 함축되어 있음을 알아야 한다.

교회의 성경관이 타격을 받기 시작한 것은 합리주의의 등장과 더불어서였다. 전통적인 성경관에 대한 공격은 세 단계로 진행되었다.

첫 단계로서, 쉐퍼 당시로부터 약 250년 전 독일의 대학들이 초자연적인 간섭의 가능성을 받아들이면서 인과론으로 세계현상을 해명하고자 하는 태도(열린 체계로서의 자연적 원인들의 획일성)로부터 초자연적인 간섭의 가능성을 아예 인정하지 않는 태도(닫힌 체계로서의 자연적 원인들의 획일성)로 우주설명의 패러다임이 변화하는 진통을 겪었다. 합리주의(rationalism)란 이성이나 경험으로 이해될 수 있는 것만을 진리로 인정하는 태도를 뜻한다. 합리주의가 등장하기 이전에는 자연현상을 인과론적으로 설명하면서도 하나님의 계시나 섭리가 개입할 수 있는 여지를 인정했다. 그러나 합리주의가 등장하면서 외부로부터 오는 지식, 특히 하나님으로부터 오는 외적인 지식이나 계시에 의존하지 않고 우주와 인간을 파악하기 시작했다. 합리주의적 학풍의 영향을 받은 신학이 이성을 성경계시의 내용을 판단하는 잣대로 활용한 것이다. 그 결과 성경의 내용 중에서 초자연적 요소들이 제거되기 시작했다. 예컨대, 예수로부터 초자연적 요소들을 제거하고 역사적 예수만 남겨 놓은 것이다.

그러나 이와 같은 신학의 시도는 둘째 단계를 맞이하였다. 이 둘째 단계는 이성을 가지고 지식과 삶에 대한 통일적 답변을 제시하는 데 실패했음이 드러난 단계다. 이 사실은 역사적 예수의 탐구가 실패했음을 시인한 알버트 슈바이처(Albert Schweitzer)의 고백을 통하여 확인되었다. 사실상 역사적 예수와 초자연적 예수는 긴밀하게 연결되어 있어서 분리가 불가능했던 것이다. 초자연적 요소들이 남아 있어야 역사적 예수도 성립될 수 있다.

세 번째 단계는 초자연의 영역을 비이성의 영역으로 보고 신앙의 도약을 통하여 이 영역에 들어가서 삶에 대한 통일된 답변을 찾고자 했던 실존주의의 영향 하에 형성된 신정통주의의 단계다. 바르트는 고등비평을 전적으로 수납하면서 "역사적으로 잘못될 수 있으나 종교적으로는 참된" 진리에 대하여 말하기 시작했다. 고등비평이란 합리적 기준에 의거하여 성경본문 그 자체가 참된 기록인가 아닌가의 여부를 비판적으로 검토하는 작업을 의미한다. 성경의 내용이 합리적인 기준에 맞지 않으면 성경 기자가 한 말이 아니라 성경 기자가 살고 있던 그 당시에 떠돌아다니던 이방의 문헌에서 인용한 것으로 간주하여 제거해 버린다. 이 작업에서 대체로 초자연적인 사건을 기록한 내용들이 모두 제거되고 합리적으로 이해할 수 있는 내용만 남게 된다. 고등비평은 성경을 갈기갈기 찢어서 해체시켜 버리는 작업이다. 이와는 대조적으로 성경배경연구는 성경 본문은 건드리지 않고 본문이 어떤 문화적이고 역사적인 상황에서 기록되었는가를 탐구하는 것인데, 이 연구는 반드시 필요한 연구다.

바르트는 성경의 기록이 역사적 기록인가의 여부가 중요한 것이 아니라 "현재 우리에게 일어나고 있는 일"이 중요하다고 말한다. 바르트에 의하면 성경이 하나님의 말씀이 아니라 성경 안에 하나님의 말씀이 포함되어 있다. 어떤 독자가 성경을 읽는 실존적인 순간에 말씀이 '갑자기' 자신에게 하나님의 말씀이 된다. 이때 자신에게 찾아오는 말씀이 하나님의 말씀인가의 여부를 결정하는 것은 독자 자신이다. 이 입장은 성경을 객관적이고 절대적인 표준으로 보았던 칼빈과 루터의 입장과 다르다.

신정통주의자들은 하나님이라는 용어를 사용하지만, 이 용어 안에 전통적으로 역사적 기독교가 담았던 내용은 사라져 버렸고, 그 결과 이 용어는 "내용이 없는 함축적인" 종교적 언어가 되고 말았다. 예를 들어서 '예수'라는 용어가 이성으로부터 분리됨으로써 실질적인 토대를 상실한 채 내용이 없는 공허한 상징이 되었다. 이처럼 전통적으로 역사적 기독교가 사용하던 용어들은 독자들의 실질적인 한계체험으로 대체되었다. 실존주의 신학은 유한한 인간이 제공할 수 있는 것 이상의 어떤 의미나 권위도 줄 수 없었다. 구자유주의나 신정통주의가 모두 부분적으로 정당한 주장을 하고 있음에도 불구하고, 계시 내용의 초자연적 요소를 파괴시킴으로써 전체적인 틀이 잘못 되었으며, 역사적 기독교와는 다른 종교가 되고 말았다.

역사적 기독교 신앙으로부터 떠나는 자들에 대하여는 다음과 같은 두 가지 조치가 필요하다.

첫째로, 교단과 신학교 차원에서 적절한 치리를 시행한다. 이때 유의할 점은 치리를 당하는 자들에 대한 사랑을 잃어서는 안 된다는 것이다. 오늘날 치리가 어려워진 이유는 자유주의 교회들이 세상과 똑같이 상대주의에 빠져 있기 때문이다.

둘째로, 교리를 지키기 위한 싸움에서 실패하면, 다음 단계에서 가시적 조직을 떠날 필요가 있다. 이때 유념해야 할 점은 조직으로서의 교회가 우선이 아니라 그리스도가 우선이 되어야 한다는 점이다. 교회 안에서 그리스도가 왕과 주가 되지 못한다면, 그 교회는 참된 그리스도인들의 충성을 받을 수 없다.

그러나 가시적 조직을 떠날 때 두 가지 바람직하지 않은 경향에 빠져들지 않도록 하는 것이 중요하다.

첫째로, 떠난 사람들이 완고해져서 절대적인 요소들을 믿는 것과 모든 일에 대하여 절대주의적 사고방식을 갖는 것이 큰 차이가 있음을 잊어버리는 단계에까지 나아가서는 안 된다. 곧, 덜 중요한 교리적인 문제들에 대해서도 절대주의자가 되어서는 안 된다는 것이다. 다시 말해서 조직을 떠나지 않은 채 남아 있는 참된 그리스도인들에 대한 기독교적 사랑을 잃어서는 안 된다.

쉐퍼는 교회가 양보해서는 안 될 절대적인 요소들로서 다음과 같은 것들을 열거했다. a. 하나님은 객관적으로 실재하시며, 자유자이시다. b. 하나님은 무로부터 세계를 창조하셨다. c. 성부와 성자와 성령은 의사소통과 사랑이 가능할 만큼 뚜렷하게 구분되신다. d. 하나님은 도덕적인 거룩성을 지니고 있으며, 그리스도인들로 하여금 생활과 교리에 있어서 거룩을 요구한다. e. 인간의 타락, 그리스도의 죽음과 부활, 재림은 시공간 안에서 실제로 일어난 역사적 사건이다. 그런데 이 사건들은 현재, 그리스도의 삶의 역사 속에, 실존적인 매 순간 속에서 의미를 가진다. f. 칭의는 단회적 사건으로서 매순간마다 영위되는 긴 과정인 성화와 혼동되어서는 안 된다. g. 신학체계에는 절대적으로 타당한 것도 있고 절대적으로 그릇된 것들도 있다.

둘째로, 남아 있는 자들은 정반대의 방향으로 나아가서 진리를 타협시키는 단계까지도 불사하면서 관용의 정도를 점점 더 넓히는 모습을 보여 주는 경향이 있다. 그렇게 되면 이들은 진리에 대하여 말은 하지만 진리를 실천하지는 않는 셈이다. 마침내 이들이 모인 교회는 2-3세대 만에 교리적으로 다원주의적인 교회가 되어 버린다. 특별히 성경관에 대하여 모호한 태도를 취하게 된다.

성경이 구원의 문제에 있어서뿐만 아니라 역사와 우주에 관하여 말할 때도 오류가 없기 때문에 우주의 존재와 인간의 독특성에 관련된 질문들에 대하여 답변할 수 있으며, 절대적인 도덕적 명령과 구원의 확실성을 제시할 수 있는 것이다.

진리는 신정통주의에서 말하는 것처럼 주관적인 것이 아니라 객관적이고 절대적이다. 절대적 진리이기 때문에 하나님의 말씀은 가변적이고, 변화하며, 타락한 문화를 심판한다. 절대적 진리로서의 하나님의 말씀이 제시하는 절대적인 도덕명령에 근거한 고정된 가치가 없으면 현재 순간의 개인 혹은 사회의 행복만이 고려된다. 고정된 표준이 없는 사회에서는 아무리 잘못된 행위를 해도 잘못을 지적할 수 없게 된다. 모든 일이 심리학적으로 설명되어 버리기 때문에 옳고 그름을 말할 수 없게 된다. 만일 근본주의라는 말이 변해서는 안 될 주된 교리와 삶과 변해도 상관 없는 부차적인 교리와 삶을 혼동하는 것을 의미한다면 거부되어야 하지만, 성경의 무오성과 같은 중심적인 진리와 삶의 중심적인 일들, 곧 성경이 제시한 절대적인 규범을 준수하는 삶의 문제에 있어서 타협하지 않고 대결까지도 불사하는 것을 의미한다면 근본주의라는 비판을 받는 것은 오히려 정당한 것이다.

b. 관찰 가능한 사랑

정통주의는 결코 추악한 것이 아니다. 그러나 정통주의 교리를 견지하는 자들에게 동정심을 발견할 수 없는 것은 추악한 것이다. 정통주의가 그리스도를 모르는 자들에 대하여 반응하지 못하고, 동정심을 갖지 못할 때, 정통주의는 추악해진다.

그리스도인들과 교회는 사랑의 실천을 통하여 세상 사람들이 그리스도인들이 주의 제자들임을 알 수 있도록 해야 하며, 하나 됨을 통하여 하나님이 아들을 보내셨다는 사실을 알게 해야 한다. 그리스도께서는 세상 사람들에게 그리스도인들을 판단할 권리를 주셨다. 그런데 세상 사람들은 그리스도인들이 그리스도의 구속사역을 통하여 하나님의 자녀가 되었다는 사실을 알 길이 없다. 세상 사람들은 그리스도인들이 서로 사랑하는 모습을 보고 그리스도인들이 하나님의 자녀라고 판단한다. 세상 사람들은 그리스도인들이 서로 사랑하지 않는 모습을 보고 그리스도인이 아니라고 판단한다. 이 판단은 오판일 수 있다. 왜냐하면 그리스도인들이라고 해서 항상 서로를 사랑하기만 하는 것은 아니기 때문이다. 그런데 이런 오판의 빌미를 제공한 것은 그리스도인들이다.

뿐만 아니라 세상 사람들은 교회가 내적인 차이가 있음에도 불구하고 하나 됨을 유지하는 것을 보고 참된 하나님의 교회라고 판단한다. 세상 사람들은 교회 내에서의 차이가 무엇인지 알지 못한다. 따라서 차이를 용납하지 못하고 분열하면 세상 사람들은 실제로는 하나님의 교회임에도 불구하고 하나님의 교회가 아니라고 오판할 수 있다. 따라서 그리스도인들과 교회가 세상을 향하여 기독교를 가장 효율적으로 변증할 수 있는 길은 사랑과 하나 됨을 실천하는 것이다.

이중적 사랑의 의무. 하나님의 형상으로 창조된 인류는 그리스도인이 사랑해야 할 이웃이다. 모든 인류가 그리스도인의 사랑의 대상이라면, 한 예수 그리스도를 통하여 한 아버지를 모시고 있고, 한 성령이 내주하시는 동료 그리스도인들에게 가시적인 사랑을 실행하는 것이 얼마나 중요한가는 말할 필요조차 없다. "모든 이에게 착한 일을 하되 더욱 믿음의 가정들에게 할지니라"는 갈라디아서 6장 10절의 말씀이나 "또 주께서 우리가 너희를 사랑함과 같이 너희도 피차간과 모든 사람에 대한 사랑이 더욱 많아 넘치게 하사"라고 한 데살로니가전서 3장 12절의 말씀은 그리스도인들에게 이중적 사랑의 의무가 부과되어 있음을 보여 준다.

그리스도께서 제자들을 사랑하신 것 같이 모든 참된 그리스도인들을 사랑하라는 명령을 제시하는 요한복음 13장 34-35절은 예수께서 그리스도인들이 모든 그리스도인들을 향하여 가시적인 사랑을 베푸는가의 여부에 근거하여 중생한 자인가의 여부를 판단할 권리를 주셨음을 보여 준다.

그리스도인이 사랑의 실천에 실패했다고 해서 그리스도인이 아닌 것은 아니다. 만일 사랑의 실천 여부가 어떤 사람이 그리스도인인가의 여부를 판단하는 기준이라면, 그리스도인은 한 사람도 살아남지 못할 것이다. 왜냐하면 모든 사람들은 사랑의 실천에 궁극적으로 실패한 자들이기 때문이다. 그러나 이때 세상 사람들은 오판을 하게 되며, 이 오판 때문에 복음전도는 심각한 어려움을 겪게 된다.

하나 됨의 실천. 요한복음 17장 21절은 삼위의 위격들이 통일성을 이룬 것처럼, 그리스도인들도 하나 됨을 실천해야 할 책임이 있음을 말한 후에, 그리스도인들이 하나가 되었느냐의 여부를 보고 세상 사람들은 성부가 성자를 보냈는가의 여부를 판단할 권리를 가지고 있음을 말한다. 따라서 하나 됨의 실천은 궁극적인 변증이다. 오늘날처럼 진리를 믿지 않는 시대의 세상 사람들에게 교리의 옳고 그름에 관심을 가져 줄 것을 기대할 수 없다. 세상 사람들은 교리에는 관심이 없다. 세상 사람들은 기독교인들이 서로를 사랑하는 모습을 보여 주지 않는다면 그리스도인들이 하는 말에 귀를 기울이지 않을 것이다.

요한복음이 말하는 하나 됨은 단지 그리스도인들과 비그리스도인들을 망라한 인본주의적이고 낭만적인 하나 됨이 아니며, 또한 그리스도인들의 조직상의 하나 됨이나 비가시적 교회 공동체의 하나 됨도 아니다. 이 하나 됨은 실질적인 가시적 하나 됨으로서, 실천하는 하나 됨, 모든 노선을 넘어서서 모든 참된 그리스도인들 사이에서 이루어지는 실천적인 하나 됨이다. 이 하나 됨은 중대한 교리적 차이가 있어서 조직상으로 통일체를 구성하지 못할 때도 흔쾌하게 자신의 실수를 인정하고 상대방을 용서할 마음가짐을 갖추며, 견해의 차이를 좁히기 위해 아무리 큰 대가를 치러야 하는 상황에서라도 사랑을 실천적으로 보여주며, 논쟁에 이기기보다는 해결하기 위하여 문제에 접근함으로써 입장의 차이가 있음에도 불구하고 하나 됨을 유지할 수 있음을 세상 사람들에게 보여주는 것이다.

교회가 사랑과 하나 됨을 실천하는 공동체가 되어야 한다는 말은 교회가 진정한 의미의 공동체가 되어야 한다는 말로 바꾸어 표현할 수 있다. 정통교리와 더불어 정통 공동체도 있어야 하는 것이다. 사람들은 공동체를 관찰함으로써 하나님이 말씀의 가르침 안에 계시하셨음을 본다. 비그리스도인들이 그리스도인들의 인간관계 안에서 아름다운 모습을 발견하지 못하거나, 기독교 공동체들이 그리스도께서 하신 일에 근거하여 싸움을 중지하지 않는다면, 그리스도인들은 적절한 삶을 영위하지 못하고 있는 셈이다.

신약성경 시대에 공동체의 실천은 단순한 구호에 끝나지 않았다. 신약성경 시대의 교회들은 공동체의 지체들의 물질적인 필요를 채워주는 차원까지 나아갔다. 예컨대 일곱 집사의 임명이나 마케도니아의 이방인 성도들이 예루살렘의 가난한 유대 기독교인들에게 구제헌금을 보낸 일 등에서 당시 교회의 실천의 모습을 확인할 수 있다. 유감스럽게도 복음주의 교회는 선교적 목적의 재정지출과 기독교인들의 물질적 필요를 충족시키기 위한 재정지출을 완전히 구별하고, 성도들의 물질적 필요를 돌보는 일을 무시함으로써 정도를 이탈하고 말았다. 자유주의 교회가 교리적인 내용이 누락된 종교적인 단어들을 사용하고 있다면, 복음적이고 정통적인 교회는 윤리적 실천이 결여된 종교적 단어들을 사용하고 있는 셈이다.

모든 기독교 공동체들은 인류에 대하여 깊은 관심을 가져야 할 뿐만 아니라 개인의 구체적인 필요에 대하여도 관심을 가져야 한다. 기독교 공동체들은 진리를 설교함과 아울러 진리, 사랑, 아름다움을 실천해야 한다. 인본주의자들이 인본주의적 토대 위에서 그토록 열망하면서도 이루지 못한 일을 교회 공동체는 이루어야 한다. 교회 공동체는 모든 인간들을 인간답게, 곧 하나님의 형상을 지닌 존재로 대우해야 하며, 교회 안의 형제들에 대해서는 주 예수 그리스도께서 흘리신 피에 근거하여 대우해야 한다. 교회 공동체는 힘 있는 교리를 유지함과 동시에 아름다움을 지닌 공동체가 되어야 한다. 물질을 나누지 않고 공동체 혹은 사랑을 말하는 것은 무의미하다. 이런 양의 피 안에서 타락이 가져온 모든 것을 실질적으로 치유하는 열매가 있어야 한다.

사회적으로 소수의 입장에 있는 오늘날의 교회는 교리적인 입장에 있어서는 역사적 기독교의 전통을 충실하게 고수하는 보수적인 태도를 견지해야 하지만, 현실의 상황에 대해서는 혁명가적인 태도를 가져야 한다. 다시 말해서 교회는 상대주의와 종교적 언어를 상징으로 파악하는 시대에 진리의 실재를 철저하게 강조해야 하는 동시에, 모든 사회의 계층들과 모든 세계의 시민들을 포용할 수 있는 보편적인 사랑의 실천에 있어서는 혁명적이어야 한다.

더 읽을 문헌

* Schaeffer Francis A. *The Church at the End of the Twentieth Century. In The Complete Works of Francis Schaeffer: A Christian Worldview*, Vol.IV. Westchester: Crossway, 1987: 3–114.
* ─────. *The Church before the Watching World. In The Complete Works of Francis Schaeffer: The Complete Works of Francis Schaeffer: A Christian Worldview*, Vol.IV. Westchester: Crossway, 1987: 115–80.
* ─────. *Death in the City. In The Complete Works of Francis Schaeffer: A Christian Worldview*, Vol.IV. Westchester: Crossway, 1987: 209–302.
* ─────. *Genesis in Space and Time. In The Complete Works of Francis Schaeffer: A Christian Worldview*, Vol.II. Westchester: Crossway, 1987: 1–114.
* ─────. *The Great Evangelical Disaster. In The Complete Works of Francis Schaeffer: A Christian Worldview*, Vol.IV. Westchester: Crossway, 1987: 303–412.
* ─────. *The Mark of the Christian. In The Complete Works of Francis Schaeffer: A Christian Worldview*, Vol.IV. Westchester: Crossway, 1987: 181–208.
* ─────. *No Little People. In The Complete Works of Francis Schaeffer: A Christian Worldview*, Vol.III. Westchester: Crossway, 1987: 3–194.
* ─────. *True Spirituality. In The Complete Works of Francis Schaeffer: A Christian Worldview, Vol.III. Westchester:* Crossway, 1987: 195–380.
* 그렌츠, 스탠리, 로저 올슨, 신재구 역. 〈20세기 신학〉. 서울: IVP, 1997.
* 박형룡. 〈교의신학 신론〉. 서울: 한국기독교교육연구원, 1995: 303–67.
* 이상원. 〈프란시스 쉐퍼의 기독교 세계관과 윤리〉. 서울: 살림, 2003: 81–118.

미주

1) 인간의 타락의 결과로서 하나님과 인간의 분리뿐만 아니라 인간과 자아의 분리, 인간과 자연의 분리가 뒤따랐다. 그러나 인간에게 나타난 분리가 곧 인간의 인간됨(mannishness)을 상실했다는 뜻은 아니다. 인 간은 왜곡되고, 깨어지고 비정상화되었으나 여전히 하나님의 형상의 담지자(창9:6; 약3:9)로 남아 있다. 인간은 여전히 인간이다. 구원받지 않은 화가도 그림을 그릴 수 있고, 구원받지 못한 사람도 사랑할 수 있 고, 도덕적 동기를 가질 수 있고, 생각할 수 있다. 인간은 육체적 죽음 이 후에도 계속하여 생존한다(Schaeffer, *Genesis in Space and Time*, 69-71).
2) Schaeffer, *True Spirituality*, 200.
3) Schaeffer, *True Spirituality*, 201.
4) Schaeffer, *True Spirituality*, 247.
5) Schaeffer, *True Spirituality*, 253.
6) Schaeffer, *Death in the City*, 244.

A Through Train to Cassandra Cross

생명 · 정치 · 환경

04
Chapter

쉐퍼는 정통신학과 정통적인 사회적 실천을 모두 철저하게 강조했고, 몸소 실천에 옮겼다. 쉐퍼의 사회적 실천은 생명윤리, 정치윤리, 그리고 환경윤리의 영역에서 나타났다.

유물론과 생명윤리

쉐퍼의 생명윤리사상은 그의 전집 5권 3부, 〈낙태, 영아살해, 안락사에 대한 그리스도인의 자세〉 *Whatever Happened to the Human Race?* 에 집중되어 있다. 이 책은 생명의 시작과 관련된 문제로서 낙태와 영아살해, 그리고 생명의 마지막에 관련된 문제로서 안락사 문제를 다룬다.

서구문화는 인간의 생명의 신성함을 특별히 중요시해 온 오랜 전통을 가지고 있다. 서구 의료계는 2,000년이 넘는 오랜 역사를 가진 히포크라테스 서약을 골간으로 하여 인간 생명의 신성함을 강조해 왔다. 히포크라테스서약은 의술의 신 아폴로, 건강과 만병통치의 신 아에스클레피우스, 그리고 기타 다른 신들 앞에서 의료준칙들을 준수할 것을 서약한 문서다. 이 문서가 생명윤리의 차원에서 의미를 가지는 것은 안락사와 낙태를 거부하는 결의를 담고 있기 때문이다. 히포크라테스 서약서는 당시 가장 평범한 자살의 수단으로 사용되어 왔던 독약을 누구에게도 주지 않을 것을 밝힘으로써 안락사를 시행하지 않을 것을 서약하고 있으며, 동시에 여성에게 자궁 전을 주지 않겠다고 밝힘으로써 낙태를 하지 않을 것을 서약했다.[1]

2차 대전이 끝난 후인 1948년, 2차 대전 중에 의료인들이 나치 정권과 야합하여 유태인의 가스실 학살과 안락사 그리고 잔인한 생체실험을 주도한 것을 반성하고 히포크라테스 서약의 정신을 재확인하고자 하는 목적으로 제네바에서 모여 회의를 했는데, 그 결과물이 "제네바 선언"으로 나타났다. 그러나 제네바 선언은 기획의 의도와는 달리 현대 의료계를 반생명적인 흐름 속으로 밀어 넣는 단초를 제공했다. 그 단초는 두 가지였다. 첫째로, 제네바 선언은 서약이라는 단어를 선언으로 대체했다. 서약은 신 앞에서 맹세하는 것이고, 선언은 자기 입장을 밝히는 것이다. 따라서 이 선언은 의료행위를 신 앞에서 책임 있게 수행해야 할 작업으로부터 인간이 자율적으로 수행하는 작업으로 세속화시켰다. 둘째로, 1971년 제네바 선언을 개정할 때 생명의 시작점을 가리키는 표현인 "잉태의 순간부터"를 삭제함으로써 생명의 시작점을 고무줄처럼 자유롭게 정하는 문을 열어 놓았다.

인간의 생명을 고귀하게 여기는 태도가 히포크라테스 서약과 관련이 있는 것은 사실이지만, 이 태도가 활짝 꽃피울 수 있었던 것은 유대-기독교적 세계관이 서구를 지배하면서부터였다. 인간이 하나님의 형상으로 창조되었다는 사실을 아는 사람들은 인간의 생명을 독특한 것으로 생각했다. 따라서 기독교인들은 낙태와 유아살해를 살인으로 간주했는데, 이와 같은 기독교인들의 태도는 낙태와 유아살해를 시행했던 로마의 문화와는 대조적인 것이었다.

서구사회에서 인간의 생명이 소홀히 취급되기 시작한 계기는 서구사회가 유대-기독교적 토대를 떠나서 인간을 만물의 척도로 삼는 인본주의를 받아들이면서부터였다. 인본주의는 인간은 비인격적인 우주 안에서 우연하게 생겨난 결과물로 파악한다. 인간의 두뇌는 어마어마하게 복잡한 컴퓨터보다 나을 것이 없는 존재다. 따라서 인간의 두뇌가 어떻게 작용하는가를 설명하기 위하여 구태여 형이상학이 동원될 필요가 없다. 유물론적인 인간관은 인간 자신뿐만 아니라 동료 인간들의 가치를 극적으로 떨어뜨린다.

인간이 하나님의 형상으로 창조되었기 때문에 독특한 존재임을 강조하는 성경의 가르침을 포기하면 인간을 잘 대해 줄 수 있는 근거가 상실되고 온갖 형태의 비인간적인 행위와 태도들이 봇물처럼 터져 나오게 된다.

이 변화가 제일 먼저 감지된 곳이 법의 영역이다. 법의 토대 역할을 담당했던 기독교적인 합의가 사라지고 나면 남는 것은 자의적이고 사회학적인 법뿐이다. 역사의 어느 순간에 다수의 시민들이 원하는 것이 바로 법이 된다. 그런데 다수의 시민들의 의견은 현재의 사회학적이고 경제적인 선을 증진시키고자 하는 정부의 소수 엘리트들에 의하여 지배당하기 마련이다. 따라서 다수의 법은 사실은 소수의 엘리트 관료들에 의하여 자의적으로 제정된다.

또 하나의 변화는 생명공학의 이름으로 나타났다. 인간이 만일 우연히 이 세상에 존재하게 된 유전자 형태들 가운데 하나로 간주된다면 사회경제적으로 더 우월한 자질을 갖춘 존재로 변화시키기 위한 유전자 조작실험 대상으로 인간을 이용하지 말아야 할 하등의 이유를 발견할 수 없게 된다. 인류는 일부 정부 엘리트들이 원하는 모습대로 자의적으로 개조될 위험에 노출된다. 다시 말해서 인류는 이른바 사회생물학의 조종을 받게 되는 것이다. 사회생물학은 인간은 유전자의 구성에 따라서 행동한다고 주장한다. 유전자는 번성하는 종의 유전자 풀을 유지시키기 위한 최선의 방법이 무엇인가를 알고 있는 것으로 간주된다. 인간은 유전자가 유전자 구조를 살아있게 하고 미래에도 번성할 수 있도록 하기 위하여 최선이라고 알고 있는 그 일을 행한다.

사회생물학은 여기에서 한걸음 더 나아가 환원주의적인 유전자 결정론을 낳는다. 곧 모성애, 우정, 법, 도덕이 모두 유전자의 작용의 산물로 해명되어 버린다. 따라서 유전자만 조작하면 생물학의 영역의 문제들뿐만 아니라 사회적이고 윤리적인 모든 문제들까지도 해결될 것이라는 기대를 갖게 된다.

일단 하나님의 형상을 지닌 존재로서의 인간관을 포기하면 온갖 유형의 비인간적인 관행을 통제할 근거를 상실하게 된다. 낙태, 유아살해, 안락사, 아동학대, 포르노, 정치범고문, 범죄율의 폭발적인 증가, 무차별 폭력 등을 묶어 놓았던 고삐가 풀려 버리게 된다.

a. 낙태

낙태는 기독교적 인간관이 유물론적인 인간관으로 전환되면서 생명윤리 영역에서 나타나는 폐해들 가운데 대표적인 것이다. 1973년 미국 대법원은 "로 대 웨이드" 사건과 "두 대 볼톤" 사건에 대하여 판결을 내리면서 헌법에는 새로운 인권 또는 자유, 곧 어느 때든지 여성이 낙태를 시행할 권리가 있다고 판결함으로써 낙태문제에 있어서 새로운 장을 열었다. 대법원은 사적인 권리에 대하여 전적으로 새로운 해석을 내렸던 것이다. 제시 잭슨(Jessie L. Jackson)이 지적한 것처럼 생명의 권리보다 사적인 권리를 더 중시하는 것이 바로 노예제도의 전제였는데, 이 전제가 되살아난 것이다. 대법원은 한걸음 더 나아가서 모든 주에 있는 낙태규제법을 무효화시키는 초법적인 결정을 내리기까지 했다. 1977년에는 임산부가 요구하는 낙태시술에 납세자의 돈을 사용하는 것을 금지하려는 의도로 입법 발의된 하이드개정안의 상정이 의회의 실무자들에 의하여 번번이 저지당했다. 현대 미국사회에서는 일종의 정신분열적인 특징이 나타나고 있다. 소아과 의사들이 신생아실에서 조산아의 생명을 유지시키기 위하여 최대한의 소생치료와 지지치료를 실시하고 있는 동안, 같은 병원 안에 있는 산부인과 의사들은 정상 태아들 그리고 때로는 조산아보다 더 큰 태아들을 정례적으로 죽이고 있었다.

낙태문제를 평가할 때 중요한 기준점이 되는 것은 태아도 인간인가의 여부다. 이 질문에 대하여 쉐퍼는 수정란이 형성된 시점부터 인간으로 보아야 한다는 입장을 견실하게 유지한다. 23개의 염색체를 지니고 있는 정자는 살아있고 난자를 수정시킬 수 있지만 또 다른 정자를 만들지 못한다. 정자와 동일하게 23개의 염색체를 가지고 있는 난자도 다른 난자를 만들지 못한다. 그런데 일단 정자와 난자가 합쳐져서 하나의 세포가 되면 그때부터 46개의 염색체를 지니게 되고, 이 하나의 수정란 세포는 방해받지만 않으면 인간으로 자라나는데 필요한 DNA의 모든 요소를 갖추고 있다. 따라서 수정란 시점부터 인간으로 보아야 한다는 것이 쉐퍼의 입장이다.

쉐퍼는 낙태가 얼마나 잔인한 살해방식인가를 실감하도록 하기 위하여 몇 가지 낙태 방법을 소개한다.

(1) 소파수술(D & C dilation and curettage)은 임신 12-13주경에 시행하는 수술로서 자궁경부를 넓힌 다음 큐렛을 집어넣어 자궁내벽을 긁어 태아의 몸을 산산조각내고 자궁벽으로부터 떼어낸 태반과 함께 긁어낸다. 상당한 출혈이 동반된다.

(2) 흡인낙태법(suction abortion)은 자궁경부를 넓힌 다음, 튜브를 집어넣어 자라고 있는 태아와 태반을 산산 조각낸 다음 통 속으로 빨아들인다.

(3) 염수낙태법(saline abortion, salting out)은 임신 16주 후에 시행하는 방법으로, 소금물을 양수에 주입하여 태아의 허파와 위장에 들어가게 한 뒤에 삼투압현상으로 태아의 피부를 태워 죽이는 방법이다.

(4) 자궁절개술(hysterotomy)은 앞에서 제시한 세 가지 방법들이 효과를 거두지 못할 경우에 사용하는 방법으로서, 제왕절개 수술과 똑같은 방식으로 태아를 꺼낸 뒤에 죽어 가도록 방치해 두는 방식이다. 이전에는 자궁절개술을 이용할 때만이 태아가 산 채로 나오는 것으로 간주되어 왔으나, 최근에는 염수낙태법을 이용할 때도 태아가 산채로 나오는 경우가 있음이 보고되고 있다.

(5) 호르몬제인 프로스타글란딘을 이용하여 낙태를 유도하는 방법이 있는데, 이 호르몬은 낙태를 유도하는 것 이외에는 어떤 다른 기능도 하지 않는 호르몬이다. 좌약 형태로 사용되는 이 약제가 임신 6개월 무렵에 사용될 경우에는 태아가 산 채로 출생할 가능성이 높다.

그 외에도 쉐퍼는 낙태관행이 끼치는 부작용들을 열거함으로써 경종을 울린다.

⑴ 쉐퍼는 낙태가 끼치는 교육적 효과, 곧 미끄러운 경사면의 효과를 지적한다. 미끄러운 경사면(the slippery slope)이란 한번 내리막길에 자동차 바퀴가 조금이라도 들어서기 시작한 이후에는 자동차가 걷잡을 수 없이 굴러 내려가는 것을 막을 수 없는 것처럼, 한 가지 사례에 어떤 원리에 따라서 행동하는 것을 허용하면 같은 원리가 비슷한 모든 사례들에 확대 적용되는 것을 막기 어렵다는 것이다. 쉐퍼는 미끄러운 경사면의 긍정적 효과를 인지한 판결의 예로 1975년의 서독 대법원의 판결을 들었다. 서독 대법원은 임신 12주 안의 태아 낙태를 요구한 사건에 대하여 "만일 3개월 이내에 있는 태아에 대한 낙태를 허용하면 3개월 이후에 며칠 더 태 내에 있었다는 이유만으로 낙태를 허용해 주지 않는 것이 논리적으로 설득력을 갖기 어렵다"는 이유로 기각시켰던 것이다.

⑵ 낙태와 성도덕문란의 상호 악순환. 최근의 성도덕, 성적으로 관대한 생활습관, 가족의 붕괴 등이 낙태를 요구한다. 동시에 낙태가 허용되면 성도덕, 성적으로 문란한 생활습관, 가족의 붕괴가 가속화된다.

⑶ 낙태를 시행할 경우에 임산부에게는 정신적이고 신체적인 부작용들이 뒤따른다. 낙태를 하고 난 이후에 임산부들은 낙태로 잃은 아이에 대하여 본능적인 모성애를 느끼며 깊은 상실감과 죄책감을 느끼게 된다. 뿐만 아니라 낙태에는 의학적인 신체적 부작용이 뒤따른다. 낙태 후에는 자연유산율, 사생아, 성병, 매춘, 임질에서 오는 골반염증, 불임, 자궁 외 임신, 조산율 등의 증가가 뒤따른다.

b. 영아살해

영아살해는 인간은 하나님의 형상으로 창조된 독특한 존재라는 인간 관을 포기할 경우 생명윤리의 영역에서 나타나는 또 하나의 왜곡된 의료 관행이다. 영아살해는 "직접적인 행동을 통해서든, 음식물 투여 등과 같이 어린이의 생존에 중요한 통상적인 돌봄을 거부하는 방법을 통해서든, 태어난 아이를 죽이는 행위"를 뜻한다.

쉐퍼는 영아살해가 어린이들의 생명을 보호하는 역할을 해온 의료계에서 자행되고 있다고 비판한다. 1975년 캘리포니아의 소노마에서는 신생아 집중간호에 있어서의 윤리문제에 관한 회의가 열렸다. 소노마회의로 알려진 이 회의에 참석한 20명의 회원들 가운데 17명이 자기생존능력이 있는 신생아들, 곧 어떤 형태의 기술적인 도움을 받지 않고 영양만 공급되면 살 수 있는 영아들을 직접 손을 대어 죽이는 것은 반대할 의사가 없음을 표명했다. 마르타 윌링(Martha Willing)은 산아제한의 목적을 위해서도 영아살해가 이용될 수 있음을 시사한다. 그는 "셋째 아이가 태어나면 부모는 불임시술을 받아야 하고, 만일 불임시술을 받기 위하여 병원에 나타나지 않으면 출생증명서 발급을 거부해야 하며, 적절하지 못한 유전자 풀이 전승되는 것을 막기 위하여 셋째 아이는 출생현장에서 불임시술을 해야 한다"[2]는 소름끼치는 주장을 전개했다.

소노마회의를 통하여 나타난 의료계의 입장은 어느 날 갑자기 우연히 표출된 것이 아니다. 많은 유전학자들, 의학자들, 윤리학자들, 신학자들, 심지어는 교회들이 영아살해의 이론적 근거를 제시해 왔다. 1973년 DNA의 이중나선구조를 발견한 공로로 노벨상을 수상했던 유전공학자

제임스 왓슨(James Watson)은 유아가 생후 3일이 될 때까지 살아 있는 것으로 선언되지 않으면 부모의 동의하에 아이가 고통과 불행을 겪지 않도록 하기 위하여 의사가 아이를 죽이는 것이 허용될 수 있다고 주장했다. 왓슨은 이것이 유일하게 합리적이고 동정적인 태도라고 말한다. 왓슨과 노벨상 공동수상자인 프란시스 크릭(Francis Crick)도 일정한 유전자 검사를 통과하기 전에는 일부 신생아는 인간으로 선언되어서는 안 되며, 유전자 검사에서 기준에 미달될 경우에는 살 권리를 박탈해야 한다고 말한다. 철학자인 밀라드 에베레트(Milard S. Everett)는 사회적 장애를 겪을 것이 분명한 영아는 살아 있는 자들의 사회 안에 들어오도록 허용되어서는 안 된다고 말한다.

가장 명료하게 영아살해 지지 입장을 밝힌 사람들은 예일대학교 의과대학의 레이몬드 더프(Raymond S. Duff)와 에이 캠프벨(A.G.M. Campbell)일 것이다. 이 두 사람은 "끝이 없이 무겁게 짓누르는 것처럼 보이는 짐"으로부터 신생아의 부모들과 형제자매들을 구하기 위한 목적이라면 신생아를 죽게 내버려 두어도 무방하다고 말한다. 이들에게 있어서 신생아란 "몸에 붙어 있는 쓸모없는 물건(built-in obsolescence)"과도 같아서 생존경쟁의 현실에서 유용하면 달고 다니다가 거추장스러우면 떼어내 버려도 상관없는 것으로 간주된다.

쉐퍼는 영아살해 행위를 사회에 짐이 된다고 간주된 사람들을 제거했던 나치정권의 만행과 노예시장에서 흑인 노예들, 여자들, 어린아이들을 가축처럼 거래했던 초창기 미국의 인간생명경시행동에 비유하면서, 심지어는 종교인들도 이 행동을 지원하고 있다는 사실을 지적한다. 웨슬리 신학교의 필립 워거만(Philip Wogaman)은 하나님은 현존하는 사람을 더 사랑하신다는 논리를 내세우면서 자라나고 있으나 태어나지 않은 아이의 권리를 무시함으로써 '낙태의 권리를 지지하는 종교인들의 연합'이 추구하는 대의를 지지했다. 1977년 캐나다 성공회의 전략팀은 최소한의 인간적인 행동과 지능의 자취도 발견되지 않고 다만 외형상 인간처럼 보이는 것들을 인간처럼 다루는 것은 심각한 오류이며, 이와 같은 결함이 있는 영아들을 인간답게 다루는 유일한 방법은 이들을 인간으로 대우하지 않는 것뿐이라고 주장했다.

그러나 영아살해 관행이 아무런 비판 없이 진행되었던 것은 아니다. 영아살해는 약하고 힘이 없는 사람들로부터 시작하여 반체제 지식인들까지 잔인하게 살해한 독재정권의 만행에 비견할 만한 형태이며(J. Elgelburt Dumphy), 인종, 신앙, 피부색, 가난 등의 이유로 인간을 차별하는 것과 같은 인종차별 행위이며(Robert D. Zachary), 장애를 지니고 태어났음에도 불구하고 삶의 의미를 느끼며 행복하게 살고 있는 장애자들의 삶의 현실을 무시한 행동이라는 비판이 있었다. 장애자들이 원하는 것은 더 많은 사랑과 관심이라는 주장도 등장했다. 처음에는 선천성 장애를 가지고 태어난 예외적인 경우에 한하여 영아살해를 허용해야 한다고 주장하지만, 이 주장은 원하지 않는 아이에 대해서, 그리고 나아가서는 장애나 중증질환을 가진 성인에 대해서까지 확대 적용되는 것은 시간문제에 지나지 않는다는 우려도 제기되었다. 예컨대 만성 심폐증이나 단장증후군 또는 다양한 형태의 뇌손상을 가진 영아를 죽도록 방치해도 좋다면, 동일한 질병을 가진 성인을 살해해서는 안 되는 이유가 무엇인가? 여기서 문제가 되고 있는 영아살해는 "생존할 가능성이 없는 영아들의 죽음이 아니라 정상적인 삶은 아니지만 치료만 하면 살 수 있는 영아들을 죽이는 행위"라는 점이 지적되기도 했다.

c. 안락사

술과 약물복용의 부작용으로 의식을 잃은 식물인간 카렌 퀸란(Karen Quinlan)사건은 미국에서 안락사 논쟁을 촉발시킨 결정적인 계기가 되었다. 식물인간 상태에 빠진 카렌으로부터 산소 호흡기를 제거하도록 허용해 달라는 카렌가족의 요청에 대하여 뉴저지 지방법원은 이 행위는 살인행위라는 이유를 들어서 기각한 반면에 뉴저지 대법원은 지방법원의 판결을 번복함으로써 호흡기 제거를 허용했다. 그런데 카렌은 의료진의 판단과는 다르게 호흡기를 제거한 뒤에도 계속하여 숨을 쉬었다.

카렌 사건은 다음과 같은 중요한 질문을 제기했다. "사회는 원하지 않거나 불완전하거나 불편하다는 단순한 이유만으로 태어나 유아를 죽이듯이, 원하지 않거나 신체적으로나 정신적으로 불완전하거나 사회에 성가신 장애물이 된다고 간주될 경우에 나이가 많은 성인들을 죽일 권리를 가지는가?" 이 질문의 대상으로 떠오르는 가장 대표적인 계층은 노인층이다. 점증하는 반가족적인 정서, 낙태율, 의술의 발달로 인한 수명연장 등의 이유들 때문에 젊고 강한 자들의 숫자보다는 늙고 약한 자들의 숫자가 비상할 정도로 증가하고 있다. 그러나 젊은이들은 쾌락과 풍요를 추구하는 생활방식을 누릴 권리를 주장한다. 따라서 젊은이들은 자신들의 생활방식에 걸림돌이 될 수밖에 없는 노인들을 제거되어야 할 방해물로 인식하고자 하는 유혹을 받게 될 것이다.

안락사라는 용어는 1920년 독일의사 칼 빈딩(Karl Binding)과 알프레드 호헤(Alfred Hoche)가 *The Release of the Destruction of Life Devoid of Value*(가치를 빼앗긴 생명을 파괴하는 문을 열면서)에서 참아낼 수 없는 삶으로부터 완전히 해방될 권리를 가진 사람을 죽이는 행동을 합법화시키는 과정에서 처음 사용되기 시작했다. 이 용어는 "생명을 살릴 수 있는 도움이나 지원을 제공할 수 있음에도 불구하고 환자를 직접 죽이거나 아니면 환자를 위하여 아무 일도 행하지 않음으로써 환자를 죽이는 행동"을 의미한다. 쉐퍼는 생명을 연장시키지 못하고 죽어가는 자의 경험을 연장시켜 주는 데서 머무를 뿐인, 진료를 중단하고 자연적으로 죽어가는 과정에 환자를 맡기는 조치, 곧 '진료의 중단'과 안락사를 구분한다.

쉐퍼는 안락사를 가능하게 하는 가장 결정적인 원인은 인간의 생명의 가치보다 효율성을 더 중시하는 인본주의적인 세계관임을 지적한다. 노인들, 병약한 자들, 지진아들, 정신지체자와 같은 자들이 젊고 건강한 사람들에게 돌아가야 할 의료혜택을 가로채고 있다는 인식이 안락사를 지지하는 운동의 배경에 깔려 있다는 것이다. 그 가장 비근한 예가 나치정권의 안락사 프로그램이었다. 뉴렘베르크 전범재판에 관여했던 레오 알렉산더(Leo Alexander)박사의 보고서에 의하면 나치독일의 의학계는 공동체 전체에 유익이 없고 비용만 축내는 만성질환자들, 사회적으로 소란을 일으키고 인종적으로나 이념적으로 환영받지 못하는 자들, 체제에 순응하지 않는 자들을 대량으로 학살하고, 인체를 군사 의학적 목적으로 이용하고자 하는 기획에 협조했는데, 이 같은 독일의학계의 행동을 뒷받침한 것은 살만한 가치가 없는 인간생명이 존재한다는 인간관이었다. 장애자들과 정신병자들의 치료에 들어갈 돈으로 새로 결혼할 부부에게 투자

한다면 많은 집과 결혼자금을 지원할 수 있을 것이라는 비방이 고등학교 교과서에 게재된 일도 있었다.[3]

객관적인 도덕적 기준이 상실된 시대에 아무리 윤리위원회를 구성하여 안락사를 실시할 것인가의 여부를 신중하게 결정한다 하더라도 윤리위원회의 회원들이 모두 효율성을 중시하는 인본주의적인 세계관에 물들어 있는 이상 별다른 변화를 기대하기 어렵다. 이 과정에서 죽어가는 환자들 자신은 통상적으로 자신의 생명이 연장되는 것을 원할 뿐, 안락사를 요구하는 일이 거의 드물다는 사실도 무시되어 버린다. 의사들은 환자를 죽인 행위에 대한 도덕적 죄책감으로부터 벗어나기 위해서 안락사 지지운동에 매달리기도 한다.

d. 바른 인간관과 공동체적 사랑의 실천

지금까지 소개한 쉐퍼의 생명윤리론에 대한 논의는 오늘날 생명의 시작 시점과 생명의 끝의 시점에서 제기되는 생명윤리문제들에 대한 근원적인 해법이 모든 왜곡된 의료 관행들의 배후에 자리 잡고 있는 인간관을 파악하는 것으로부터 시작되어야 함을 보여주고 있다. 현대인들은 자기 자신의 개인적인 평안과 풍요함에 걸림돌이 되거나 사회에 짐이 되거나 경제적 부담이 되는 것을 배척하고자 하는 효율주의적 혹은 경제주의적 인간관에 지배당하고 있다. 이 인간관에 대응하여 기독교인들은 하나님의 형상으로 창조된 모든 인간의 생명은 태어난 생명이든, 태안에 있는 생명이든, 노인이든 젊은이든, 흑인이든, 백인이든, 갈색 인종이든, 황색 인종이든 모두 존엄하다는 사실을 강조해야만 한다. 우리는 경제학이나 효율성의 도표를 우선시해서는 안 되고 인간은 살과 피를 가진 사람들임을 유념해야 한다. 사람은 기계처럼 생각하고 행동하고 자신들의 생활방식을 유지하기 위하여 살인을 자행하는 유물론적인 로봇들이 아니다. 우리는 인간을 비인격적인 존재로 파악하는 비인격의 시대를 겨냥하여 인간이 되라는 도전장을 제시해야 한다. 우리 주위에 있는 인간들은 — 완전한 모습을 갖추고 있든, 아니면 손상된 모습을 지니고 있든 — 모두 하나님의 형상으로 창조된 사람들이다.

그런데 생명에 대한 잘못된 관행에 대한 기독교인들의 대응은 단순한 비판에만 머물러서는 안 된다. 기독교인들과 교회의 사랑을 전시하기 위한 구체적인 대안들을 제시하고 구체적으로 실천에 옮길 수 있어야 한다.

첫째로, 교회와 기독교인들은 미혼모들과 낙태를 고려하고 있는 기혼모들에게 실질적인 도움을 제공할 수 있는 준비를 갖추고 있어야 한다. 이 문제에 실질적으로 참여하지 않고 단지 '낙태시켜서는 안 된다'라고만 말하는 것은 비인간적인 행태다. 미혼모들이 머무를 수 있는 거처가 있어야 한다. 아이를 갖고 싶어 하지만 가질 수 없어서 입양하기 위하여 대기하고 있는 많은 부부들에 대하여 말해 주어야 한다. 미혼모가 아이를 낳기로 결정하는 경우에 아이를 돌보는 방법에 관한 조언도 해주어야 한다. 아이의 출산을 기다리고 있는 미혼모들이 이용할 수 있는 쾌적한 시설들이 마련되어야 한다. 무엇보다도 낙태가 옳은 방법이 아니라고 생각하는 사람들이 필요로 하는 정신적이고 재정적인 도움들을 제공할 준비를 해야 한다.

낙태의 유혹을 받는 기혼모들에 대해서는 교회의 도움이 절실하게 요구된다. 태어날 아이 엄마가 일을 해야 하는 경우에 아이를 돌보는 일을 교회가 도울 수 있다. 이런 실천을 통하여 교회가 공동체임을 보여줄 수 있다. 교회가 보육센터 역할을 담당할 수도 있고, 교회의 신도들이 아이들을 가정으로 데려다가 매주 일정한 시간동안 돌보아 줄 수도 있다. 성경의 진리를 붙드는 기독교인들에게는 성경이 가르치는 바를 행해야 한다는 명령이 주어져 있다. 기독교인들과 교회는 사람들의 물리적인 필요에 대해서 동정심을 가져야 한다.

둘째로, 같은 원리가 영아살해문제에 대해서도 적용될 수 있다. 만일 어떤 가족이 장애를 가진 아이를 낳은 후에 이 아이를 버리려는 유혹에 사로잡혀 있을 경우에 교회는 이 가족이나 아이에 대한 관심을 거두면 안 된다. 교회는 교회 신도들이 주중에 일정한 시간을 할애하여 장애아의 가정을 방문하여 도움으로써 장애아를 돌보는 데 뒤따르는 어려움을 나눌 수 있어야 한다.

셋째로, 우리가 안락사를 반대한다면, 고독하거나 힘이 없는 노인들을 돌보는 짐을 같이 공유할 수 있어야 한다. 노인들이나 말기질환자들에게도 평상적인 삶을 누릴 수 있는 기회가 주어져야 한다. 이들에게도 가족들이나 기독교 공동체와 관계를 맺을 수 있는 기회가 주어져야 한다. 특히 말기 질환자들에 대해서는 호스피스제도를 시행해야 한다. 호스피스제도는 다음 세 가지 조건을 갖추어야 한다.

(1) 고통을 통제하는 데 필요한 모든 의학적 지식들을 사용할 수 있어야 한다.

(2) 사랑하는 사람들이 항시 환자들을 방문하여 책도 읽어 주는 등 환자와 직접접촉을 유지함으로써 환자들이 홀로 내버려져 있는 것이 아니라는 사실을 서로가 자각해야 한다.

(3) 호스피스는 죽어가는 과정을 돕는 것이 아니라 마지막 순간까지 살아 있도록 돕는 제도임을 환자들에게 보여 줄 수 있어야 한다. 특히 죽음이 비정상적인 것이며, 미래의 부활을 믿는 기독교인들이라면 이와 같은 실천은 자연스럽고 바른 행동이 아닌가!

법의 진정한 토대

그리스도의 주권은 삶의 모든 영역에서 나타나야 한다. 쉐퍼는 부흥운동가들인 존 웨슬리(John Wesley, 1703-1791), 조지 휘트필드(George Whitefield, 1714-1770), 휘튼 대학교의 설립자이자 총장이었던 조나단 블랜차드(Jonathan Blanchard, 1811-1891), 오벌린 대학교 총장이었던 찰스 피니(Charles Finney, 1792-1875) 등이 모두 개인의 영적 구원을 철저하게 강조했을 뿐만 아니라 구원받은 영혼들의 사회적 실천도 철저하게 강조했음을 지적했다.

정부와 법의 영역에서도 그리스도의 주권이 나타나야 한다. 삶의 모든 영역에서 대결하는 기독교적 세계관과 유물론적인 세속적 세계관은 정부와 법의 영역에서도 어김없이 대결한다. 기독교적 세계관을 택하는가, 아니면 유물론적인 세속적 세계관을 택하는가에 따라서 정부와 법의 특징도 다른 양상으로 나타난다. 그러면 서구사회의 정부와 법의 영역에서는 두 세계관의 대결이 어떤 양상으로 전개되어 왔는가?

a. 성경적 토대 위에 세워졌던 서구사회의 정부와 법

서구사회는 정부와 법의 영역에서 형식과 자유의 적절한 균형을 유지해 온 전통을 가지고 있다. 형식이란 사회 안에서 주어진 의무를 하는 것을 말하고, 자유란 개인의 권리를 인식하는 것을 말한다. 그런데 서구사회가 형식과 자유의 균형을 적절하게 유지할 수 있었던 이유는 인간은 하나님의 형상으로 창조되었으며, 진정한 인간성을 지니고 있다는 세계관의 터전이 뒷받침되어 있었기 때문이다. 기독교적 세계관이 법의 영역에 끼친 영향이 두드러지게 감지되기 시작한 것은 영국법의 형성에 영향을 끼친 헨리 드 브락톤(Henry De Brachton, 1250년경의 인물)의 사상에서부터다. 브락톤은 왕에게 권력의 힘을 이용하지 말고 정의의 이성을 이용하여 통치할 것을 권고했다. 진정한 권력의 소유자이신 하나님은 권력을 의지하여 반역한 사탄을 궤멸시키실 수도 있으셨다. 그러나 하나님은 자신의 성품 때문에 힘의 행사보다는 정의의 시행을 선행시키셨다. 따라서 사회와 법에 있어서도 권력이 먼저가 아니라 정의가 먼저다. 군주에게는 통제하고 통치할 권력이 있을 수 있다. 그러나 군주는 정의가 없이는 권력을 행사할 권한을 갖지 못한다. 이것이 영국법의 기초였다.

브락톤이 등장한 지 약 300년 후에 일어난 종교개혁은 브락톤의 입장을 더 다듬었고 또한 명확히 했다. 종교개혁가들은 교회와 국가 혹은 국가와 성경 보다는 성경에만 근거한 권위를 주장했는데, 이 입장은 교리에 있어서뿐만 아니라 법의 토대로서도 중요한 의미를 지니는 것이었다.

17세기의 스코틀랜드인이었던 러더포드는 그의 저서 〈법이 왕이다〉 *Lex Rex* 를 통하여 '왕이 법'으로 통하던 당대의 정치원리를 뒤집어엎고 '법이 왕'임을 천명했다. 이 입장에 따르면 정부의 수뇌들이 법아래 있는 것이지, 그들 스스로가 자신들에 대해서 법이 될 수 없었다. 미국의 국부들 가운데 한 사람인 존 위더스푼(John Witherspoon)은 러더포드의 정치사상을 잘 이해했고 그의 노선에 서 있었다.

한편 토마스 제퍼슨(Thomas Jefferson)은 존 록크(John Locke)의 전통에 서 있었다. 이 두 사람은 모두 정부의 기초가 무엇인가를 이해하고 있었다. 이들은 모두 "어떤 침해받을 수 없는 권리들"을 강조했다. 그러면 이 권리를 부여한 주체는 누구인가? 국가인가? 만일 국가가 이 권리들을 바꾸고 빼앗아 갈 수 있다면 이 권리들은 침해받을 수 없는 것이 될 수 없을 것이다. 그러면 이 권리들은 어디서 오는가? 침해받을 수 없는 권리들을 부여한 누군가로부터 오지 않을 수 없다. 간단히 말해서 이들은 하나님을 믿었다. 이들은 법의 수여자, 곧 침해받을 수 없는 권리들을 부여하는 인격자가 존재하기 때문에 법이 왕이 될 수 있음을 공개적으로 인정했다.

미국헌법 수정조항 제1조가 통과되었을 때 이 조항은 두 가지 목적을 가지고 있었다.

첫째는, 연합된 13개 주에 어떤 형태로든 국가교회를 설립하지 않는 것이었다. 국가교회의 설립을 반대했던 이유는 종교의 자유를 보장하기 위한 것이었다. 곧, 국민들은 한두 개의 종단이 주도권을 잡고서 다른 종단에 속한 신자들에게 자기 종단의 종교를 강요하게 되는 사태를 염려했던 것이다.

둘째는, 정부가 자유로운 종교 활동을 방해하거나 간섭하는 사태가 벌어지지 않도록 하기 위한 것이었다.

b. 유물론에 장악된 법

그런데 기독교적 세계관이라는 터 위에 정부와 법이 수립되어 있던 전통이 지금은 심각하게 손상되어 궤멸되어 버릴 위기에 직면해 있다. 그 이유는 지난 80년간 유물론적인 세계관이 서구사회를 장악해오기 시작했기 때문이며, 영적인 세계와 물질적인 세계를 예리하게 구분해 온 플라톤적인 영성의 영향을 받은 서구교회가 정부와 법의 영역에서 일어나는 변화에 대하여 무관심한 채 적절하게 대응해 오지 못했기 때문이다. 자유주의신학은 종교적 용어들로 포장된 인본주의에 지나지 않았고, 교회와 복음주의 신학자들은 침묵해 왔다.

오늘날 서구사회에 심대한 영향을 끼친 유물론적인 인본주의적 세계관이 잘 표현된 문서는 1933년에 있었던 〈인본주의 선언 I〉과 〈인본주의 선언 II〉다. 인본주의란 "인간 자신이 발견할 수 있는 것 이외에는 어떤 지식도 없이, 그리고 인간 밖에서 주어지는 어떤 표준도 없이 인간 자신으로부터 출발하는 태도"를 의미한다. 〈인본주의 선언 I〉은 이렇게 말한다. "종교적 인본주의자들은 우주를 자존적인 것으로 간주하고 창조된 것으로 간주하지 않는다. 인본주의는 현대과학이 묘사하는 우주의 본질은 어떤 형태의 초자연적이고 우주적인 가치론도 받아들이지 않는다고 단언한다."[4] 인본주의자들은 인간이란 분자들로 이루어진 복잡한 구조물에 불과하며, 인간이 복잡한 구조를 가지게 된 것은 맹목적인 우연의 결과에 지나지 않는다고 본다. 인간은 선천적으로 경쟁하는 동물에 다름아니다. 이때 법이란 적자생존의 원리에 따라서 살아남은 다수의 의지의 표현일 뿐이다. 이 법은 이른바 사회학적인 법인 바, 사회학적인 법이란 어떤 고정된 토대를 상실한 법을 말한다. 이 법은 일단의 사람들이 어떤 주어진 순간에 사회에 유익하다고 자의적으로 판단하여 결정한 결과물이다. 따라서 이 법은 '상황적 법'이다. 현실태를 물질-에너지의 우연한 구성이라고 보는 한, 이 세계관으로부터는 어떤 가치개념이나 원리들이나 법의 토대 따위를 생각할 수 있는 여지가 없다. 이때 법은 유물론적인 인본주의적 세계관을 강요하는 도구가 된다.

새로운 사회학적 법이 침해당할 수 없는 권리의 원천이 되었던 창조주라는 토대로부터 떠나자 헌법의 정신으로부터도 떠나는 것은 자연스러운 결과였다. 윌리엄 벤틀리 볼(William Bentley Ball)은 사회학적 법이 종교의 자유와 개인의 자유에 대하여 도전적이 될 수밖에 없는 이유를 두 가지로 지적한다. 첫째, 이 법은 이 법보다 상위에 있는 법을 인정하지 않기 때문이며, 둘째, 현재 순간의 실용주의적인 공공정책을 중시한 나머지 헌법이라는 상위의 법에 이 정책들을 종속시키는 것을 거부하기 때문이다. 그 결과 엄격한 표준이 없는 상태에서 권력이양이 이루어지고, 권력자는 법이 규정하지 않은 권력을 장악하게 된다. 마침내 법치정부는 사라지고 인치(人治)정부가 들어서게 되며, 권력자가 자의적으로 만든 법이 국민들의 대표가 만든 법을 대체하게 된다. 국가가 하는 일은 무슨 일이든지 정당화되고 종교가 이와 같은 국가의 전횡에 제동을 걸려면 엄청난 증명의 짐을 져야만 한다.

c. 시민 불복종

쉐퍼는 당대의 미국사회가 시민의 자유의 문이 어느 정도는 열려 있는 상태이며, 이 문이 가능한 한 닫히지 않기를 바라면서도, 유물론적인 세계관의 지배를 받기 시작한 미국사회에서 이 자유의 문이 닫힐 가능성이 있음을 경고한다. 이 가능성은 유물론적 세계관 그 자체가 가지는 특성에 불가피하게 뒤따라온다. 유물론적 세계관은 현존하는 물질-에너지 이외에는 어떤 상위의 권위나 규범도 인정하지 않는다. 따라서 유물론적 세계관을 가진 사람들은 국가에 대하여 복종할 하등의 이유가 없다. 이들이 국가에 복종하는 유일한 이유는 국가가 총을 가지고 있기 때문이다.

그러나 기독교적 세계관을 가진 사람은 다른 입장을 취한다. 이들이 국가에 복종하는 이유는 하나님이 국가에 복종하라고 명령하셨기 때문이다.

그러면 기독교적 세계관은 국가가 내리는 어떤 형태의 명령에도 무조건 복종할 것을 명령하는가? 결코 그렇지 않다. 마태복음 22장 21절 예수님은 가이사의 것은 가이사에게, 하나님의 것은 하나님께 바치라고 명령한다. 이 본문이 바침의 대상으로 설정하고 있는 하나님과 가이사는 병렬시켜서는 안 된다. 하나님과 가이사는 수직적 관계, 곧 하나님이 위에 있고 그 밑에 가이사가 있는 관계로 이해되어야 한다. 시민정부는 하나님의 법 아래에 있다. 하나님은 타락한 세상 안에 일정한 직분을 두셔서 타락으로부터 나오는 자연적인 결과인 혼란으로부터 우리를 보호하신다. 그러나 직분자가 하나님의 말씀과 어긋나는 것을 명령하면 그의 권위는 박탈되어야 하며, 그의 말에 순종해서는 안 된다.

국가에 대한 순종을 명령하고 있는 로마서 13장 1-4절과 베드로전서 2장 13-17절의 말씀은 국가의 권위가 자율적 권위가 아닌 하나님으로부터 대리적으로 위임된 권위이며, 위임된 직무는 정의의 집행자가 되는 것, 곧 행악자를 처벌함으로써 악을 통제하고, 사회의 선을 보호하는 것임을 분명하게 밝힌다. 그러면 국가가 국가에게 주어진 합법적인 기능을 범한다면 어떻게 해야 하는가? 이때는 국가에 대하여 불순종할 권리와 의무가 기독교인들에게 주어진다. 로마제국에 대한 초대교회의 기독교인들의 태도,[5] 영국정부와 국교회에 대한 윌리엄 틴데일(William Tyndale, 1490-1536)과 존 번연(John Bunyan, 1628-1688)의 태도, 스페인의 가톨릭 통치에 반발한 네덜란드 개신교도들의 투쟁, 루터교인이었던 구스타부스 아돌푸스(Gustavus Adolphus)의 독일황제에 대한 무력대결, 가톨릭과 독일 개신교도들 사이에서 벌어진 30년 전쟁, 보드 칸톤을 무력으로 통제한 베른시의 프로테스탄트 교도들, 스코틀랜드에 장로교회를 정착시키기 위하여 투쟁했던 존 낙스(John Knox) 등의 사례들은 기독교인들이 국가에 대하여 적절한 불복종을 시행함으로써 성공적으로 교회를 보존할 수 있었음을 보여준다. 반면에 헝가리, 프랑스 그리고 스페인에서는 기독교인들이 불복종을 적절하게 시행하지 못함으로 말미암아 교회를 존속시키는데 실패한 사례들을 보여 준다.

낙스는 루터와 칼빈의 전통을 이어받아 시민 통치자들에 대항하여 반역할 권리를 인정했다. 그런데 낙스는 여기에서 한걸음 더 나아간다. 낙스는 평민들은 국가의 관리들이 성경에 반하는 방법으로 통치한다면 불순종할 뿐만 아니라 반역할 권리와 의무를 가진다고 말한다. 이때 반역하지 않는 것은 하나님에 대하여 반역하는 것이다.

러더포드는 낙스의 정치사상을 이어받았다. 〈법이 왕이다〉에서 러더포드는 왕과 정부가 법에 불순종하면 시민들도 그들에게 불순종해야 한다고 주장한다. 로마서13장은 모든 권세가 하나님으로부터 온 것이고 정부는 하나님에 의하여 제정된 것임을 보여준다고 러더포드는 말한다. 그러나 국가는 하나님의 법의 원리에 따라서 운영되어야 한다. 하나님의 법에 모순되는 국가의 행동들은 불법적인 행동들이며 폭정이다. 폭정은 하나님의 인허가 없이 통치하는 행동이다. 폭정은 언제나 부도덕하다. 폭정은 하나님으로부터 온 것이 아니라 죄악 된 본성과 옛 뱀인 사탄으로부터 기원한 것이다.

폭정을 만났을 때 기독교인들은 몇 가지 원리에 따라서 불복종을 시행해야 한다.

첫째로, 폭정은 사탄적이기 때문에 폭정에 항거하지 않는 것은 하나님에게 항거하는 것이요, 폭정에 항거하는 것은 하나님을 영화롭게 하는 것이다.

둘째로, 통치자에게는 조건적으로 권력이 주어져 있기 때문에, 통치자가 적절한 조건을 충족시켜 주지 않으면 국민들은 통치자에게 허용한 권력사용의 인허를 거두어 들여야 한다. 정부의 관리는 '신탁적 인물(a fiduciary figure)'이다. 다시 말하자면 그는 국민들을 위하여 사용한다는 조건으로 권력을 신탁 받은 것이다. 그가 이 신탁을 어기면 저항의 합법적 토대가 마련된다. 러더포드의 명제로부터 시민들은 불의하고 폭력적인 정부에 저항해야 할 도덕적 의무를 가진다는 결론이 나온다. 시민들은 통치자의 '직분'에 대해서는 항상 순종해야 하지만, 성경에 반하는 것을 명령하는 '직분자'에게 항상 순종해야 할 의무를 가지는 것은 아니다.

그렇다고 해서 러더포드가 무장혁명을 자동적인 해결책으로 제시했던 것은 아니다. 러더포드는 국가가 의도적으로 시민의 자유를 침범함으로써 국가가 마땅히 수행해야 할 하나님을 향한 윤리적 헌신을 파괴할 경우에 시민 개인에게 국가의 탄압이 찾아오는 경우와 교회 공동체와 같은 집단에게 탄압이 찾아오는 경우를 구분하여 각기 다른 전략을 제시한다.

개인의 입장에서 탄압에 직면한 경우에는 세 단계로 불복종을 시행한다. (1) 항의를 통하여 자기 자신을 변호한다(오늘날 법적 대응행동에 상응한다). (2) 가능하면 피신한다. (3) 필요할 경우에는 자위권으로서의 힘을 사용한다.

국가가 합법적으로 구성된 주나 지역 공동체나 교회에 대하여 불법적인 행동을 자행할 경우에는 피신하는 것이 실질적으로 불가능하고 비현실적인 저항수단이다. 이때에는 다시 두 단계의 저항을 수행할 수 있다. 첫 단계는 항의이고, 다음 단계는 자위를 위한 힘의 사용이다. 러더포드의 〈법이 왕이다〉와 장로회주의를 세속화한 록크도 혁명의 권리를 인정했고, 록크를 잘 알고 있었던 위더스푼을 비롯한 미국의 국부들도 '적절한 단계의' 시민불복종이 필요할 때가 있음을 인정했다.

쉐퍼가 말하는 힘이란 "개인 혹은 국가에 대하여 행사하는 강제 혹은 통제"를 뜻한다. 그러나 쉐퍼는 힘을 행사하기 전에 사회의 재구성을 위한 노력이 선행되어야 한다는 점을 분명히 한다. 사회를 무너뜨리거나 궤멸시키는 행동을 옹호하기 전에 사회를 교정하고 재건축하고자 하는 시도가 있어야만 한다. 그러나 타락한 세상에서는 어떤 형태로든 힘이 불가피하다. 그러나 힘의 사용은 두 가지 원리에 입각하여 이루어져야 한다.

첫째로, 힘의 사용을 정당화시켜 주는 합법적인 토대가 있어야 하며, 합법적인 방법으로 시행되어야 한다.

둘째로, 지나친 힘의 사용은 폭력으로 전이된다. 절제되지 않은 폭력은 어느 순간에도 정당화되어서는 안 된다.

오늘날의 상황이 러더포드 시대와 다른 점은 현대 국가가 지닌 무한한 힘 때문에 시민들이 도망갈 곳이 없다는 점이다. 옛날의 청교도 순례자들은 폭정을 피하여 아메리카로 도망갈 수 있었다. 그러나 오늘날 도망가는 것은 훨씬 어려운 일이 되었으며, 많은 사람들에게 있어서는 국경이 폐쇄되어 있다. 이런 상황에서는 항의가 가장 현실적인 대안이 될 수밖에 없다. 항의는 힘의 한 형식이다. 비폭력저항의 경우도 마찬가지다. 비폭력저항은 힘의 사용을 거부하는 것이다. 그러나 비폭력저항도 사실은 일종의 힘을 선택하는 행동이기도 하다. 힘의 사용은 네 단계로 시행될 수 있다. 첫째로, 인간생명 헌장이나 헌법을 도전적으로 지지한다. 둘째로, 법원의 판결을 번복시키기 위하여 법정에 들어간다. 셋째로, 법적이고 정치적인 행동을 취한다. 넷째로, 가두시위를 벌인다.

쉐퍼는 자신이 제시하는 사회적 실천방법에 대한 몇 가지 오해의 가능성에 대하여 경고하는 것을 잊지 않는다.

첫째로, 쉐퍼는 자신의 사회적 실천방법을 통하여 신정 체제를 세우고자 하지 않는다. 쉐퍼는 콘스탄틴대제가 313년에 기독교에 대한 핍박을 중지한 뒤에 381년에 기독교를 공식적인 국교로 강요하기 시작한 일은 국가에 대한 충성과 그리스도에 대한 충성을 혼동할 수 있는 계기를 마련한 실책이었음을 지적한다. 하나님의 나라에 대한 충성과 국가에 대한 충성이 혼동되어서는 안 된다.

둘째로, 쉐퍼는 미국에서의 시민불복종은 당대의 철의 장막 안의 세계와 같은 곳에서의 시민불복종과 비교해 볼 때 훨씬 수월한 것임을 인정한다. 전제정치가 지배하는 곳에서도 참된 성경적인 그리스도인의 삶이란 삶의 모든 영역을 포괄해야 한다는 점을 강조해야 하지만, 그곳에서의 실천의 '적절한 수준'은 그곳의 기독교인들의 판단을 존중해야 한다.

셋째로, 쉐퍼는 자신의 사회적 행동은 마르크스-레닌의 혁명의 토대 위에서 유토피아적인 사회적 프로그램을 구현하고자 하는 해방신학적 시도를 의미하는 것이 아님을 분명히 한다.

넷째로, 시민불복종에 동조하지 않는 시민들이 많이 있다고 해서 다음과 같은 원칙이 무효가 되는 것은 아님을 기억해야 한다. "만일 시민불복종을 위한 최종적인 여지가 남아 있지 않으면, 정부는 자율적이 될 것이며, 살아계신 하나님의 자리를 차지하게 될 것이다."[6]

자연은 아름다운 피조물

대서양 한가운데 서식하는 고기를 잡아먹고 사는 새로부터 생식능력에 치명적인 위해를 가하는 DDT의 축적이 발견되는 현실에서 드러나는 것처럼, 오늘날 세계의 생태환경은 심각하게 파괴되어 왔다. 그런데 후기독교 시대인 오늘날 생태환경파괴의 책임을 정통적인 역사적 기독교의 잘못된 자연관에 돌리는 견해가 등장했다.

린 화이트(Lynn White, Jr.)는 기독교는 자연을 지배하라고 가르쳐 왔으며, 이 가르침을 받은 인간들이 자연을 파괴적인 방식으로 다루어 온 것이 오늘날의 생태환경파괴의 주된 원인이라고 진단한다. 따라서 생태환경파괴의 문제를 극복하기 위해서는 자연에 대한 지배의 입장을 버리고 모든 피조물들의 평등성을 강조하는 입장으로 나아가야 한다는 것이 린 화이트의 주장이다.

그러면 정말로 오늘날의 생태환경파괴의 책임은 기독교의 가르침에 있는 것인가? 모든 피조물의 평등성을 말함으로써 인간이 아닌 다른 동식물들의 가치를 승격시키는 것으로 문제가 해결될 수 있으며, 그것이 기독교적으로 타당한 것인가? 정통적인 역사적 기독교의 가르침은 생태환경파괴의 문제와 이 문제를 극복하는 길에 대하여 무엇을 말할 수 있는가? 이와 같은 질문들에 대한 쉐퍼의 진단과 해석이 〈환경오염과 인간의 죽음〉 *Pollution and the Death of Man*에서 다루어진다.

a. 민즈의 범신론적 환경윤리

범신론적인 관점에서 생태환경파괴의 문제를 다루는 대표적인 학자로서 쉐퍼가 분석하고 비판한 사람은 리차드 민즈(Richard Means)다. 민즈는 기독교의 신관이 생태환경파괴의 주범이라고 보는 화이트의 견해에 동의한다. 화이트에 의하면, 기독교적인 초월적 하나님 관념이 자연으로부터 영을 제거했으며, 이 때문에 자연을 쉽게 착취할 수 있는 길이 열렸다고 말한다. 칼빈주의와 이신론이 모두 초월적 신관을 가지고 있는데, 양자가 모두 하나님을 세계로부터 분리된 자, 곧 자연과 유기적 생명체로부터 고립된 절대적 초월자로 보았다. 그 결과 기독교인의 눈에 나무는 하나의 물리학적 사실 이상의 것이 될 수 없었으며, 신성한 숲이라는 개념은 기독교와 서구인의 정신에는 낯선 것이 될 수밖에 없었다. 거의 2,000년이라는 장구한 기간 동안 기독교 선교사들은 정령이 깃들어 있는 장소로 우상화되어 있던 숲을 파괴해 왔다. 따라서 기독교는 그 본질상 생태학적 문제를 만들어 냈고 또한 숲의 파괴를 지지해 왔다고 민즈는 말한다.

그러면 문제를 극복하는 길은 무엇인가? 민즈는 존재하는 모든 것은 본질적으로 하나임을 강조하는 슈바이처의 '생명에 대한 경외' 사상에 해결책이 있다고 말한다. 존재하는 모든 것은 자연과 본질적으로 같다는 입장을 견지할 때 자연을 보다 부드럽게 다룰 수 있게 된다. 그런데 자연을 부드럽게 다루어야 하는 유일한 이유는 자연이 인간과 인간의 후손들, 그리고 미래의 수많은 세대에 영향을 끼치기 때문이다.

민즈의 견해에 대한 쉐퍼의 비평들 중에서 중요한 핵심은 두 가지로 요약된다. 하나는 민즈의 범신론적 입장에 대한 비판이다. 존재하는 모든 것은 본질적으로 동일하다는 민즈의 입장은 범신론적인 입장이다. 범신론은 이론적으로나 실천적으로 충분한 해답이 될 수 없다. 이론적인 관점에서 범신론이 해결책이 될 수 없는 이유는 서로 연동된 두 가지 이유들 때문이다.

첫째로, 범신론에서는 통일성만이 의미를 가질 뿐 다양성은 아무런 의미도 가지지 못한다. 따라서 인간이라는 개별자가 포함된 자연은 어떤 의미도 가질 수 없다. 그렇다면 자연에 대하여 어떤 의미를 말한다면 그 의미는 어디서 오는 것인가?

이 질문에 대하여 두 번째 이유가 답변을 대신한다. 곧, 범신론으로부터 얻어낸 모든 결과들은 자연에 투사된 인간의 감정으로부터 얻은 어떤 것에 지나지 않는다. 그것은 하등한 피조물에 인간의 지식을 부여하는 낭만주의에 불과하다. 예컨대, 닭이 노는 광경을 보고 닭들이 마치 인간처럼 사랑을 나눈다고 말할 수 있다. 그러나 그것은 닭의 현실태를 회피하는 것이다. 범신론은 실천적인 관점에서도 충분한 해답이 될 수 없다. 우선 자연의 현실태를 회피하는 범신론은 자연이 두 얼굴을 지니고 있다는 사실에 대하여 답변할 수 없다. 자연은 인간에게 호의적인 얼굴과 적대적인 얼굴을 지니고 있는 바, 범신론적인 관점은 자연을 정상적인 얼굴로만 간주할 뿐, 자연의 비정상성이 드러날 때에는 해결책을 제시할 수 없다. 만물이 본질적으로 하나라고 할 때 자연의 파괴적인 면모가 드러나는 경우를 어떻게 설명할 수 있겠는가?

이 점과 연동하여 제기되는 두 번째의 실천적인 문제는 범신론이 인간의 지위를 승격시키기 보다는 비인격적인 낮은 자리로 격하시킨다는 점에 있다. 존재하는 모든 것이 옳다고 가정할 때 인간과 자연은 한 통속에 구겨 넣어지고, 인간은 풀이나 다름없는 존재가 되고 만다. 자연을 인간의 차원으로 승격시킨 결과 인간이 자연으로 강등당해 버리는 것이다.

쉐퍼가 제기하는 또 하나의 비판은 민즈의 범신론적 입장이 판단기준을 제시하지 못함으로 인하여 윤리학을 실용주의로 전락시켰다는 것이다. 민즈는 자연에 대한 태도가 변화되어야 하는 유일한 이유를 자연이 인간에게 영향을 끼칠 수 있다는 점에서 찾는다. 여기서 도덕은 실용성과 동일시된다. 실용성 이외에는 어떤 다른 판단기준도 제시되지 않는다. 인간에게 끼치는 이익 이외에는 어떤 다른 기준도 말할 수 없다는 사실은 절대적인 규범을 상실함으로써 도덕의 기초를 제시할 수 없는 지경에 이르게 된 현대인의 도덕적 곤경과 무관하지 않다고 쉐퍼는 말한다.

b. 이원론적 기독교의 부적절함

범신론이 환경문제를 다룰 수 있는 적절한 틀이 될 수 없는 것처럼, 이원론적인 기독교도 적합한 틀이 될 수 없다. 왜냐하면 이원론적인 기독교는 생태환경이 지닌 고유한 가치를 충분히 배려하지 못하기 때문이다. 예컨대 비잔틴의 기독교는 참되고 진정한 가치를 지닌 것은 오직 천상의 일들뿐이라고 보았다. 천상의 일은 너무나 높고 거룩한 것들이기 때문에 자연에 있는 사물들을 이용해서 표현해서는 안 되고, 다만 자연물의 상징들을 통해서만 표현할 수 있었다. 이와 같은 비잔틴 기독교의 사상의 이면에는 하늘의 것들은 선하고 땅의 것들은 악하다는 전제가 깔려 있었다.

기독교 안에 존재하는 플라톤적인 이원론은 더더욱 생태문제를 다룰 수 있는 틀로는 적합하지 않다. 이 사상은 몸을 적절하게 즐긴다든지, 지성을 적절하게 사용하는 일에 대해서는 거의 관심을 기울이지 않으며, 자연물은 다만 하나님의 존재를 고전적으로 변증하는 방편으로만 이용될 뿐이다. 이 사상은 자연 그 자체에 대해서는 관심을 기울이지 않으며, 자연의 실질적인 가치에 대하여도 생각하거나 말하지 않는다. 동물들에게는 영혼이 없고 따라서 하늘나라에 가지도 않는다는 이유를 들어서 동물들을 잔인하게 학대하는 네덜란드의 검은 스타킹 칼빈주의자들은 이원론의 극단적인 한 형태다.

c. 역사적 기독교의 대응

자연에 대한 역사적 기독교의 태도는 창조의 개념으로부터 시작된다. 하나님은 시공간적 연속체가 시작되기 이전에 객관적으로 실재하셨으며, 무로부터 만물을 창조하셨다. 이 선언은 세계가 본질의 외연이라고 주장하는 범신론을 거부한다. 자연은 하나님이 창조하셨기 때문에 그 자체로서 고유한 가치를 가진다. 만물은 하나님에 의하여 창조되었다는 점에 있어서 '동등하다'.

이와 같은 자연관은 하나님의 본성에 기초하고 있다. 역사적 기독교가 말하는 하나님은 인격적이고 무한하신 하나님이다. 동방의 신들은 그 정의상 무한하지만 인격적인 신은 아니다. 반면에 서방의 신들은 인격적이긴 하지만 제한적이고 유한하다. 따라서 역사적 기독교가 말하는 신은 독특하다. 하나님이 무한하시다는 말은 하나님은 창조주라는 뜻이다. 창조주로서의 하나님은 모든 피조물로부터 구별된다. 인간은 유한한 피조물이라는 의미에서 무한한 창조주와 구별되는 동시에 동물, 식물, 기계와 하향적 연속성을 갖는다. 하나님이 인격적이시라는 말은 하나님의 형상성의 특징인 인격적 존재로 창조된 인간과 하나님이 상향적 연속성을 갖는다는 것, 곧 하나님과 인간 사이에 의사소통과 사랑의 교제가 가능하다는 것을 말한다. 인간은 인격성을 가지고 있다는 점에서 비인격적 존재들인 동물, 식물, 기계와 구별되는 독특한 존재다.

인간이 상향적 연속성을 지닌 존재라는 점을 강조할 때 인간과 다른 피조물이 가치의 정도와 본질에 있어서의 동등함을 주장하는 슈바이처의 범신론적 입장이 비판된다. 역사적 기독교에 있어서 삶의 통합점, 곧 가치의 부여는 하향적 차원이 아닌 상향적 차원에서 이루어진다. 생태윤리와의 관계에서 이 말이 갖는 의미는 모든 자연물의 가치는 자연물 그 자체에 의하여 결정되는 것이 아니라 하나님이 그 자연물을 창조하셨다는 사실에 의하여, 그리고 창조주 하나님이 말씀하신 내용에 의하여 결정된다는 것이다.

한편 역사적 기독교는 인간이 하향적 연속성을 지닌 존재임을 또한 강조함으로써 자연과 인간이 긴밀하게 유기적으로 연합되어 있음을 말한다. 인간과 다른 피조물과의 연속성은 "지성적으로 뿐만 아니라 심리적으로도" 인식되어야 한다. 예컨대 나무가 나와 같은 피조물이라는 지식을 가지는 것만으로는 불충분하다. 나무가 나의 동료 피조물이라는 사실을 심리적으로 '느낄' 수 있어야 한다. 창조라는 관점에서, 그리고 하나님은 무한하시고 우리는 유한하다는 관점에서 나무와 우리는 실제적으로 하나다.

자연은 세 가지 신학적인 근거에 의거하여 가치를 가진다. 첫째로, 자연은 인간이 부여한 낭만적인 판단에 의거하여 가치를 가지는 것이 아니다. 나무는 하나님이 만드셨기 때문에 가치를 가진다. 예컨대 나무는 인간이 나무에 부여한 주관적인 가치 때문에 가치를 갖는 것이 아니요, 나무 그 자체가 신적 본질을 가지고 있기 때문에 가치를 갖는 것도 아니다. 나무는 하나님이 만드셨기 때문에 가치를 갖는 것이다.

둘째로, 그리스도께서 자연의 일부인 육체로 오셨고, 실제적이고 역사적이며 시공간적으로 부활하셨으며, 그리스도인들의 몸도 부활할 것이라는 약속은 자연의 가치를 인정하는 것으로서, 영적인 영역을 선한 영역으로 보고 물질의 영역을 악한 영역으로 보는 이원론을 배격한다.

셋째로, 하나님은 자연 그 자체와 언약을 맺으셨다. 인류와 언약을 맺으신 하나님은 인류와 동등하게 자연과도 언약을 맺으실 만큼 자연을 소중하게 생각하셨고, 창조의 질서를 존중하셨다. 인간이 하나님을 사랑한다면 하나님이 소중하게 여기시는 것들을 인간도 사랑할 것이다. 하나님을 사랑한다는 것은 하나님이 만드신 것들을 사랑하는 것을 의미하기도 한다.

모든 피조물을 존중하는 태도는 기계적으로 찾아오지 않는다. 인간은 '의식적으로' 모든 피조물들이 지닌 고유한 질서와 단계를 존중해야 한다. 따라서 자연에 대한 인간의 태도는 윤리적인 태도다.

d. 실질적인 치유

기독교인들에게는 주님이 재림하시는 날에 몸이 죽은 자로부터 살아 난다는 소망이 있다. 로마서 8장은 이 날에 그리스도인의 몸이 구속받을 뿐만 아니라 자연도 구속받을 것을 예고한다. "피조물도 썩어짐의 종 노릇 한 데서 해방되어 하나님의 자녀들의 영광의 자유에 이르는 것이니라"(롬8:21). 그런데 로마서 6장은 몸과 자연의 구속을 현재에서도 실현할 것을 명령하고 있다. "만일 우리가 그리스도와 함께 죽었으면 또한 그와 함께 살 줄을 믿노니 … 이와 같이 너희도 너희 자신을 죄에 대하여는 죽은 자요 그리스도 예수 안에서 하나님께 대하여는 살아 있는 자로 여길 지어다"(롬6:8,11). 그리스도를 우리의 구주로 영접할 때 찾아 온 칭의에 의하여 우리의 죄책은 법정적인 의미에서 완전히 제거되었다. 그러나 그리스도인은 재림의 때까지는 하나님과 완전한 관계에 들어가지 못한다. 재림의 때까지 그리스도인은 실재하시는 하나님과의 관계가 삶의 실존적인 순간마다 "실질적으로"[7] 구현되도록 하기 위하여 하나님을 찾고 하나님께 요구해야 한다.

그리스도인들은 아담과 하와가 타락한 결과로서 저주받은 '땅'을 실질적으로 회복시킬 수 있는 '의식적인' 노력을 기울이지 않으면 안 된다. 타락의 결과로서 찾아 온 인간과 자연, 그리고 자연과 자연의 분리는 현실 속에서 의식적인 노력을 통하여 실질적으로 극복되기 시작해야 한다. 그리스도의 사역에 근거하여, 그리고 하나님의 도우심과 성령의 권능을 통하여, 인간과 자연, 그리고 자연과 자연의 분리는 완전하게는 아니지만 분명히 실질적으로 치유될 수 있다. 치유의 노력은 그리스도인의 참된 영성, 즉 그리스도의 삶의 중요한 일부로 자리 매김되어야 한다.

그러면 어떤 방법으로 치유가 가능한가? 쉐퍼는 자연에 대한 두 가지 태도를 강조한다. 첫째는 인간에게 주어진 지배권을 새롭게 해석할 것을 강조한다. 인간은 인간 밑에 있는 하등의 창조 질서를 지배한다. 그러나 인간은 그것을 주관하는 주권자는 아니다. 주권자는 오직 하나님 한 분 뿐이다. 달란트비유가 잘 보여주는 것처럼(마25:150|하), 인간은 하인이요 청지기일 뿐이다. 자연은 인간의 소유물이 아니라 하나님의 것이다. 인간의 지배는 하나님의 지배 아래 있다. 인간의 지배는 자율적 지배가 아니다. 피조물이 자율적이 되면 자연이 은총을 집어 삼키고 모든 의미는 사라져 버리고 만다.

그러나 타락한 인간은 자신에게 주어진 지배권을 그릇된 방식으로 행사했다. 인간은 하등의 피조물이 아무 것도 아닌 것처럼, 그리고 인간이 피조세계에 대하여 자율적 권리를 가지고 있거나 한 것처럼 피조물들을 착취한다. 인간은 하등한 피조물들에 대하여 지배를 시행해야 하지만, 이 지배는 폭정을 의미하는 것은 아니다. 그러면 바른 지배란 무엇인가? 바른 지배는 하등의 피조물을 그 자체가 가치를 지닌 존재로 다루는 것을 의미하며, 지배하되 파괴하지 않는 것이다.

쉐퍼가 강조하는 두 번째 태도는 첫 번째 태도의 결과로서 찾아오는 것인 바, 곧 새로운 미적 감각이다. 하나님은 인간을 하나님의 형상을 지닌 존재로 창조하셨는 바, 미에 대한 감각은 하나님의 형상성의 증거들 가운데 하나다. 미에 대한 감각을 지니고 있는 인간은 예술작품을 만들어낼 수 있다. 인간이 하나님의 형상을 지니고 있고, 또 자연에 대한 지배권을 부여받았다는 사실은 인간이 자연에 의하여 희생되어서는 안 된다는 것을 의미한다. 따라서 인간의 희생을 요구하는 범신론은 잘못된 것이다.

그러나 이와 동시에 자연도 하나님이 만드신 아름다운 예술작품으로서 존중을 받아야 한다. 기독교인들은 "압도적인 존경심"[8]을 가지고 자연을 다루어야 한다. 인간이 하나님의 피조물이듯이 자연도 하나님의 피조물이라는 점에서 성 프란시스가 자연물들을 보고 '형제들'이라고 호칭한 것은 신학적으로 정당한 것일 뿐만 아니라 지성적으로 사유되고 실천적으로 실행에 옮겨져야 할 일이다. 기독교인들은 나무, 새, 개미 등을 보고 심리적으로 형제임을 느낄 수 있어야 한다. 인간은 음식물로 섭취하기 위하여 동물들을 죽여야 하지만, 그렇다고 해서 동물들을 죽여야만 할 대상으로만 간주하는 것도 잘못이다. 물고기를 사람의 아기처럼 다루는 것도 잘못된 태도이지만, 그렇다고 해서 물고기를 나무나 돌처럼 취급하는 것도 잘못이다. 인간이 자연물을 세심하게 돌보아야 하는 이유는 자연물을 손상시켰을 때 인간의 삶의 환경이 악화되기 때문만이 아니라 자연물들도 인간과 같이 하나님에 의하여 창조된 동료 피조물들이기 때문이다.

e. 실험공장

쉐퍼는 교회와 그리스도인들이 죄로 인하여 초래된 분열을 치유하는 임무를 수행하고자 할 때 일종의 "실험공장"이 될 것을 제안한다. 실험공장이란 기업이 큰 공장을 세우기 전에 작은 공장을 세워서 큰 공장에서 이루어질 생산과정과 생산품을 미리 보여주는 것을 뜻한다. 기독교인들과 교회는 파괴하지 않는 지배권의 행사를 통하여 마지막 날에 자연과 인간, 그리고 자연과 자연 사이의 분리가 궁극적으로 극복되리라는 전망을 세상을 향하여 보여 줄 수 있어야 한다.

환경파괴로 이끄는 두 가지 요인은 돈과 시간, 곧 탐욕과 성급함이다. 그리스도인들과 교회는 의식적으로 우리의 쾌락추구에 절제를 가해야 한다. 그리스도인들은 자신이 할 수 있는 모든 일들을 다 행하는 자들이 아니다. 기독교인들은 절제의 원리라는 규범에 따라서 행동해야 한다. 절제한다는 말은 실용주의적 목적만을 가지고 자연물을 대하는 태도에 제약을 가하는 것을 의미한다. 현대인들은 기술적으로 가능한 일은 아무런 제약을 받지 않고 무조건 다 행하려고 시도한다. 그러나 이 시도가 결국 세계를 죽이고, 인류를 죽이고, 인간자신을 죽인다.

현대인들이 자신들이 기술적으로 할 수 있는 모든 일을 행하는 이유는 그들에게 참된 보편자, 무한하고 인격적이신 창조자 하나님이 없고, 따라서 진정한 보편적 규범의 근거를 상실했기 때문이다. 진정한 보편자를 상실한 현대인에게 남아 있는 규범이라고는 이기주의가 중심이 된 실용주의적 목적뿐이다. 이 세계는 무한하고 인격적이신 하나님이 창조하신 세계로서 하나님이 제시한 규범 아래 있는 세계임을 인식하고, 인간뿐만 아니라 모든 자연물들도 인간과 동료 피조물로서 고유한 아름다움과 가치를 지니고 있음을 인식하면서 인간의 탐욕을 절제할 때 자연과 인간 그리고 자연과 자연의 분리는 극복될 수 있을 것이다.

더 읽을 문헌

* Alexander, Leo. "Medical Science Under Dictatorship." *New England Journal of Medicine*, 24 (July 14, 1973): 39–47.
* Schaeffer Francis A. *A Christian Manifesto. In The Complete Works of Francis Schaeffer: A Christian Worldview*, Vol.V. Westchester: Crossway, 1987: 417–502.
* —————. *Pollution and the Death of Man. In The Complete Works of Francis Schaeffer: A Christian Worldview*, Vol.V. Westchester: Crossway, 1987: 3–82.
* —————. *Whatever Happened to the Human Race? In The Complete Works of Francis Schaeffer: A Christian Worldview*, Vol.V. Westchester: Crossway, 1987: 281–416.
* Willing, Marth. *Beyond Conception: Our Children's Children*. Ipswich: Gambit, 1971.
* 이명진. [2015년 생명윤리세미나: 의료윤리현장에 대한 기독교적 성찰]. 서울: 한국기독교생명윤리협회, 미출판프린트물, 2015.
* 이상원. "제네바 선언과 생명윤리." 〈신학지남〉, 통권323호 (2015 여름): 67–94.
* —————. 〈프란시스 쉐퍼의 기독교 세계관과 윤리〉. 서울: 살림, 2003: 119–59.
* 캐머런, 니겔, 권성수 역. 〈낙태-위기에 처한 기독교 의료윤리〉. 서울: 햇불, 1993.

미주

1) 니겔 개머런, 권성수 역, 〈낙태-위기에 처한 기독교 의료윤리〉 (서울: 횃불, 1993), 23-44; 이명진, [2015년 생명윤리세미나: 의료윤리현장에 대한 기독교적 성찰] (서울: 한국기독교생명윤리협회, 미출판프린트물, 2015), 3-13; 이상원, "제네바 선언과 생명윤리," 〈신학지남〉, 통권323호 (2015 여름), 68.

2) Marth Willing, Beyond Comception: Our Children's Children (Ipswich: Gambit, 1971), 174.

3) Leo Alexander, "Medical Science Under Dictatorship," New England Journal of Medicine, 24 (July 14, 1973), 39-47.

4) Schaeffer, A Christian Manifesto, 445.

5) 초대교회의 기독교인들은 시민의 문제들에 있어서 국가에 복종하지 않았기 때문에 순교당했다. 황제숭배를 명령한 로마당국의 명령을 받았을 때 기독교인들은 종교적인 이유에서 그 명령에 순종하지 않았으나, 로마당국에게는 시민불복종의 행위 곧 정치적 반역행위로 받아들여졌다(Schaeffer, A Christian Manifesto, 469).

6) Schaeffer, A Christian Manifesto, 491.

7) Schaeffer, The Pollution and the Death of Man, 38.

8) Schaeffer, The Pollution and the Death of Man, 43.

A Through Train to Cassandra Cross

작은 상자들과
큰 상자
05
Chapter

낸시 피어시(Nancy R. Pearcey)는 라브리에서 쉐퍼를 만나 개종함과 동시에 기독교 세계관 훈
련을 받고 난 후, 미국 세인트 루이스 소재 커버넌트 신학교와 캐나다의 국제기독교철학연구소
(ICS)에서 철저한 기독교 신학과 기독교 철학 훈련을 받은 탁월한 여성 기독교 철학자다. 피어시
는 쉐퍼를 비판적으로 계승하는 입장을 취하지 않고 긍정적으로 충실하게 계승하는 입장을 취했
다. 피어시는 쉐퍼가 제시한 기독교 세계관을 학문적으로 정교하게 다듬고 심화시킨 기독교 세
계관의 틀을 가지고 세속적 세계관의 다양한 유형들을 분석하고 그 한계를 지적하면서 동시에
기독교인들이 취해야 할 기독교적 세계관의 방향을 제시하였다. 특히 피어시의 글에는 쉐퍼 이
후의 서구 자성계의 흐름에 대한 분석이 새롭게 제시되어 있다. 피어시의 글을 읽는 가운데 쉐퍼
의 서구 자성사 분석이 학문적으로도 타당한 탁월한 통찰인 동시에 21세기 현대사회에서도 의
미 있는 분석틀이라는 사실을 재차 확인할 수 있다. 피어시의 책을 읽는 것은 보다 심화되고, 학
문적으로 다듬어지고, 확대된 방식으로 쉐퍼의 사상을 복습한다는 의미가 있다. 이 글에서는 피
어시의 중심적인 연구를 담고 있는 두 권의 주저인 *Finding Truth: 5 Principles for Unmasking
Atheism, Secularism, and Other Substitutes* (David C Cook: Colorado Springs, 2001)와 〈완
전한 진리〉, 홍병룡 역 (서울: 복있는 사람, 2006)에 전개된 피어시의 사상들 가운데 세속적 세계
관들을 분석한 내용과 다원주의를 비판하면서 기독교적 변증의 길을 제시한 내용을 정리하여 소
개하고자 한다.

위조된 우상의 다섯 가지 원리

쉐퍼가 현대의 유물론적 세계관 형성의 역사적 뿌리를 고대 희랍사상으로부터 시작하여 아퀴나스, 르네상스, 계몽주의, 실존주의에 이르기까지 통시적으로 추적하면서 분석하고 그 한계를 드러낸 것과 비슷한 방법으로, 피어시는 *Finding Truth : 5 Principles for Unmasking Atheism, Secularism, and Other Substitues*에서 로마서 1장 18절에서 25절까지를 기본 틀로 하여 서양철학의 역사를 성경적인 창조주 하나님을 대체하는 대체물로서 피조물 가운데 하나인 위조된 우상을 세워 온 역사로 규정한다. 서양철학은 위조된 우상이라는 작은 상자에다가 우주와 세계의 모든 것을 구겨 넣으려는 시도를 해 왔는데, 이 시도는 애초부터 무리한 시도일 수밖에 없었다. 이 상자는 우주와 세계의 모든 것을 담기에는 너무나 작고 초라했기 때문이다. 이 작은 상자 안에 우주와 세계의 모든 것을 담으려면 우주와 세계의 상당히 많은 부분을 잘라내든지, 아니면 꾹꾹 눌러서 무리하게 부피를 줄여야 하는데, 이 과정에서 우주와 세계가 심각하게 망가질 수밖에 없었다. 반면에 세계를 초월하시는 창조주 하나님이라는 상자 안에는 우주와 세계가 넉넉하게 들어가고도 남는다. 피어시가 *Finding Truth*에서 보여 주려고 한 것이 바로 이 논지였다.

피어시는 위조된 우상, 곧 세속적 세계관을 다섯 가지 원리에 초점을 맞추어서 분석하였다. 제1원리는 위조된 신, 제2원리는 환원론, 제3원리는 현실세계와의 모순, 제4원리는 자기모순, 그리고 제5원리는 우상의 대체다(기독교변증).

사람들은 언제나 그리고 어디서나 하나님이 살아 계신다는 증거를 만날 수 있다(롬1:19-20; 시19:1-2). 물질(외부세계, "만드신 만물", 롬1:20)과 인간의 본성(내부세계, "그들 속에", 롬1:19)이 창조자의 실재를 증거한다.

물질계를 보자.

1) 골디락스 딜레마. 중력과 같은 우주의 근본적인 상수들은 칼날 위에 서서 균형을 잡고 서 있는 것과도 같은 정교한 긴장 가운데 유지되고 있다. 이 상수들이 극히 미세하게만 변해도 우주는 어떤 생명도 살 수 없는 곳이 된다. 예컨대 중력이 현재 수치의 1/10의 60승(0.00000000000000000000000000000000000000000000000000000000001)만 더 커지거나 작아져도 사람이 살 수 없는 곳이 되고 만다. 이 수치는 통제실의 스위치와 같은 것인데, 이 스위치가 기적적인 방법으로 조율되어 생명을 허용한다. 그런데 이 과정은 물리학적으로 설명할 수가 없다. 이 수치들이 정교하게 상호작용하여 목적을 성취한다. 이 수치는 대설계가(Grand Designer)가 구상해낸 것일 수밖에 없다.

2) 화학실험실에서 생명체를 제조하는 데 실패함. 모든 세포는 복잡한 암호화된 메시지를 담고 있다. 유전정보는 언어를 통한 의사소통이 이루

어지는 정신세계의 용어들을 사용해야만 묘사될 수 있다. 유전자 암호는 실행 전에 전사되고 번역되어야 한다. 과학자들이 실험실에서 DNA를 구성하고 있는 모든 화학분자들을 연결시켜 동일한 DNA구조를 만들어 보아도 해독된 유전정보가 어디서 오는지 전혀 설명하지 못한다. 유전정보는 지적 행위자를 전제해야 설명이 가능하다. 이 사실은 이미 키케로가 간파한 바 있다. 키케로는 이렇게 말한다. "우리가 태양계의(太陽系儀, an orrery)나 시계 등과 같이 기계에 의해 움직이는 어떤 것을 볼 때, 이 고안물들이 이성의 작품임을 의심할 수가 없다. 그러므로 경이로운 회전속도로 일정하게 움직이는 천체가 이성, 특히 초월적인 신적인 이성의 활동에 의해 초래된 것을 어떻게 의심할 수 있는가? 우리는 신을 보지는 못하지만 그의 작품을 묵상해 보면 신의 존재를 인정하지 않을 수 없다."

이번에는 인간을 보자. 인간은 인격적 존재다. 인격적 존재라 함은 생각하고, 느끼고, 선택하고, 행동하는 능력을 지닌 의식적 행위자로서, 맹목적이고, 자동적인 힘에 의해 작동하는, 의식이 없는 원리나 실체와는 다른 것이다. 인간은 인지가 가능하기 때문에 인간을 산출한 제일원인은 지성을 가지고 있어야 한다. 인간은 선택을 할 수 있기 때문에 제일원인은 의지를 가지고 있어야 한다. 반면에 우상은 인격적 존재(someone)가 아니라 사물(something)이기 때문에(시115:5-6; 렘2:27) 인간의 기원이 될 수 없다. 인간이 인간보다 기능이 열등한 사물로부터 기원했다고 생각하는 것은 비논리의 극치다.

그러나 사람들은 일반계시의 증거를 외면하고 눌러 버렸다(롬1:18,21,28). 마약을 소지한 혐의로 체포된 사람이 마약을 소지한 증거가 분명하게 제시되었는데도 불구하고 마약을 소지한 사실을 잡아떼면 "의도적 외면"(willful blindness)의 죄를 범하는 것이다. 이처럼 물리적 세계와 인간의 본성에 창조주 하나님이 살아 계심을 보여 주는 증거가 나타났음에도 불구하고, 이 증거를 인정하지 않고 또한 적절하게 반응하기를 거부하면 그는 "의도적 외면", 곧 인식론적인 죄를 범하는 것이다. 인류역사는 하나님이 인류에게 찾아 와서 자신을 알려 주시지만 인류는 하나님을 알기를 필사적으로 거부하는 줄다리기의 역사다. 하나님이 부르실 때 하나님을 피하여 숨었던 아담과 하와의 행동(창2:9,10)은 인류 역사 전체에 나타나는 줄다리기를 압축적으로 표현한다.

사람들은 어떻게 하나님으로부터 숨었는가? 우상을 창조해냄으로써! 창조주를 거부한 자들은 피조계 안에서 하나님의 대체물을 찾아내려고 애를 쓴다(롬1:23,25). 로마서 1장 28절은 하나님이 마음에 하나님 두기를 싫어하는 사람들을 "상실한" 마음에 내버려 두셨다고 말하고 있는데, "상실한"이라는 단어는 "위조지폐"를 가리키는 단어다. 하나님을 거부한 인류는 무신론자가 된 것이 아니라 마음 안에서 구상해낸 "위조된 신"을 섬기는 길로 나아갔다.

피어시는 창조주를 버리고 위조된 신인 우상을 숭배하는 과정을 다섯 개의 프리즘을 통하여 들여다 본다.

1) 위조된 신. 하나님을 거부하는 자는 위조된 신인 우상을 세운다. 이들은 우주 안에 내재하는 어떤 힘이나 원리를 신격화한다. 예컨대 유물론 철학은 물질을 궁극적 실재로 보고, 물질의 세계를 넘어서서 존재하는 것들 ― 영, 혼, 마음, 하나님 ― 의 실재를 거부한다. 합리주의 철학은 하나님의 자리에 이성을 둔다. 알버트 아인슈타인(Albert Einstein)은 "스피노자의 하나님을 믿는다"고 공언했는데, 이 하나님은 우주 안에 있는

합리적 질서를 가리킨다.

2) 환원론. 위조된 신, 곧 우상은 환원론(reductionism)으로 귀결된다. 위조된 신인 우상은 하나님의 형상으로 창조된 인간을 창조 안에 있는 어떤 것의 형상을 담지한 저급한 존재로 격하시킨다. 기독교는 감정적인 버팀목으로, 사상은 두뇌 안에서의 화학물질들의 작용으로, 생명체들은 물리학과 화학으로 설명된다. 환원론은 온 우주를 상자 안에 가둔다. 피조물 가운데 일부가 절대화되면 모든 것이 그 피조물의 용어로 재 정의된다. 유물론에서 모든 것은 물질로 환원된다. 유물론은 상자에 맞지 않는 것 ― 영, 혼, 의지, 마음, 의식 ― 을 환영(illusion)으로 간주하여 제거한다. 인간은 독특한 자질들을 박탈당하고, 자연의 힘에 의하여 결정되고, 자유의지가 없는 생화학적인 기계로 전락된다.

3) 현실세계와의 모순. 온 우주를 하나의 상자 안에 집어넣다 보면 무엇인가가 삐져나오게 되어 있다. 인간을 복잡한 생화학적인 기계로 환원시키면 자유로운 선택의 능력이 삐져나온다.

4) 자기모순. 위조의 신인 우상이 제시하는 세계관은 내부적으로 붕괴된다. 이 세계관은 세계관 주장자들이 충족시킬 수 없는 표준을 제시한다. a. 어떤 사람은 문화적 상대주의를 제안한다. 그는 보편적인 진리는 없다고 주장한다. 그러나 보편적인 진리는 없다는 주장 그 자체가 보편적인 주장이다. 그러므로 이 주장은 자기모순이다. b. 합리주의적 세계관은 이성을 이성보다 열등한 것으로 환원시킨다. 그러나 자기가 가진 세계관을 논증하려면 이성을 사용해야 한다. 그러므로 합리주의적 세계관이 이성을 무시하면 제 살을 깎아 먹는 셈이다. c. 유물론은 생각을 음식물을 소화할 때 일어나는 화학반응과 유

사한 뇌 안에서 일어나는 생화학 반응으로 환원시킨다. 그러나 소화는 옳거나 그른 어떤 것이 아니다. 소화는 단지 생물학적 사실일 뿐이다. 사상이 뇌의 작용으로 환원되면 사상에 대하여 "옳다", "그르다"라고 말할 수 없다. 그렇다면 유물론자가 유물론이 참되다는 말을 어떻게 할 수 있는가?

5) 우상을 대체하라. 위조의 신인 우상이 드러내는 약점을 발판으로 기독교적 세계관을 제시할 수 있다. 성경적 세계관은 현실세계에 부합하면서도 내적으로 일관성 있는 답변을 제시한다. 성경적 세계관은 초월적 창조주를 제시하기 때문에 창조세계 안에 있는 어떤 것도 신격화하지 않는다. 그러므로 성경적 세계관은 모든 것을 우주질서의 일부인 한정됨 범주 안에 집어넣지 않아도 된다. 또한 기독교는 인간을 모독하고 비천하게 만드는, 생명을 부인하는 환원론으로부터 우리를 해방시키고, 인간을 하나님의 형상으로 창조된 완전한 인격체, 극히 존엄한 자로 제시한다.

a. 위조의 신

합리주의자들은 이성을 신으로, 낭만주의자들은 상상을 신으로, 국가주의자들은 국가를 신으로, 마르크스주의자들은 죄와 구원을 경제적으로 해석한다. 철학의 역사는 "신적 대체물"(God surrogate)을 세우는 역사였다.

하나님이 없는 종교. 힌두교에서는 신이 인격적 존재가 아니라 비인격적이고 인식이 불가능한 영적인 본질이다. 힌두교의 신은 스타워즈에 나오는 에너지, 전기력 혹은 힘과 같은 것이다. 불교는 공(空), 무(無)를 신으로, 도교나 유교도 인격적이고 초월적인 신을 말하지 않는다.

도덕이 없는 종교. 범신론은 도덕적인 분별을 하는 것을 오류라고 본다. 모든 것은 하나의 존재로 융합된다. 선과 악의 구별이 없다. 따라서 범신론에서는 악에 대항하여 싸울 근거가 없다. 영화 "아바타(Avatar)"에 등장하는 가이아를 닮은 여신 에이와(Eywa)는 모든 동식물을 연결하고 있는 거대한 신경망으로서, 선과 악을 초월한 존재로 묘사된다. 다신론 종교에서 거행하는 종교의례는 신들을 달래고 건강과 풍성한 수확을 얻어내는 것을 목표로 하며, 도덕에 대해서는 아무 말도 하지 않는다. 그리스와 로마의 신들은 노골적으로 부도덕한 모습을 드러낸다. 이들은 탐욕스러웠고, 간음을 범했고, 다투었고, 질투했고, 속였다. 어떤 종교들은 신도들에게 부도덕한 종교예식 — 성전 매춘이나 어린이 제사 — 에 참여할 것을 요구하기도 했다.

고대 그리스 신화에서는 우주는 무질서(chao)라고 불리는 신성한 원시적 실체 — 정의되지 않고 매이지 않는 무(nothingness) — 로부터 최초의 신들이 나왔다고 주장한다. 땅의 여신 가이아가 하늘의 남신 우라노스와 결혼하여 타이탄들이 나왔고, 두 타이탄의 결혼을 통하여 올림푸스산의 신들 — 제우스, 아폴로, 아테나, 포세이돈 등 — 이 태어났다.

서양의 초기 철학자들은 올림푸스의 신들을 무시하고 원초적인 원시적 실체인 아르케(arche, 근원 혹은 제일원인)로 돌아갔다. 철학자들은 당시에 네 요소 — 물, 불, 공기, 흙 — 가운데 하나를 가장 근본적인 실체로 선정하여 만물을 하나의 요소로 환원시켰다(탈레스-물, 헤라클리토스-불, 아낙시메네스-공기). 피타고라스는 수로 환원시켰다. 플라톤과 아리스토텔레스는 형상을 궁극적인 형성의 원리로 제시했다. 이들은 형상이라는 추상적인 개념들로 세계를 범주화하는 것이 가능하다고 보았다. 예컨대 다양한 종류의 개들은 개라는 추상적인 개념으로, 다양한 인간들은 인간성이라는 추상적 개념으로 범주화되었다. 플라톤은 형상이 물질로부터 분리되어 이상향에 있다고 본 반면에, 아리스토텔레스는 형상이 물질 안에 있다고 본 점이 다르다. 플라톤에게 있어서 형상은 물질을 초월해 있었으나 여전히 우주적 질서 안에 있었다. 물, 불, 공기, 형상은 영원하고, 창조되지 않고, 불변하고, 보편적이고 자존적인 것으로서 일종의 신이었다.

과학적 유물론. 과학적 유물론은 물리학이 화학을 모두 설명하고, 화학은 생물학을 모두 설명하고, 생물학은 인간의 마음을 전부 설명하므로, 결국 물리학을 인간의 마음을 설명하는 궁극적인 설명자로 제시한다. 에드워드 윌슨(Edward O. Wilson)은 별의 탄생으로부터 사회적 기관들의 작용에 이르기까지 모두 궁극적으로 물리학의 법칙으로 환원된다고 보았다.

경험론. 경험론은 유일하게 타당한 지식의 형태는 경험적으로 증명된 사실 뿐이라고 본다. 경험론자에게 있어서 보고, 느끼고, 알아보고, 측정하는 것 이외에는 모두 의견이나 기호에 지나지 않았다. 18세기의 경험론자인 데이비드 흄(David Hume)은 경험과학을 벗어난 내용을 담고 있는 책 특히, 형이상학이나 도덕이론을 다룬 책들은 궤변과 환상으로 가득한 것들이므로 불태워 버릴 것을 요구하는 극언을 서슴치 않았다. 영화 "스타트렉(Star Trek: the Next Generation)"에서 우르프 대장은 칼레스가 죽음으로부터 살아 돌아온 클링온제국의 구세주인가라는 질문이 제기되자 메시아는 경험의 문제가 아니라 신앙의 문제인데, 그 이유는 초자연적인 것은 합리적으로 증명될 수 없는 것이기 때문이라고 대답한다.

정신주의. 경험론은 참된 지식의 유일한 원천은 감각인상(sense impressions)이라고 주장한다. 그러나 우리의 감각인상이 참되고 정확한지의 여부를 어떻게 알 수 있는가? 우리의 감각은 우리를 속일 수 있다. 숟가락을 물 잔에 넣으면 손잡이가 휘어 보인다. 존 스튜어트 밀(John Stuart Mill)은 모든 감각은 두뇌 안에 있는 색체조각들과 소리음색에 불과하다고 말했다. 우리가 인지하는 물리적 대상은 감각인식의 다발들에 지나지 않는다. 그것은 마치 슈퍼컴퓨터에 플러그를 꼽으면 떠오르는 물리적 세계의 환영인 매트릭스(가상현실)와도 같다. 인간이 알 수 있는 유일한 것은 지나가는 필름의 장면과도 같은 연속적인 감각들뿐이다. 매트릭스에 등장하는 모르페우스(Morpheus)는 실재하는 것은 뇌 안에서 작용하는 전기신호뿐이라고 말한다. 흄은 인간은 상상의 우주 안에서 살고 있다고 말하고, 물리학자 에른스트 마하(Ernst Mach)는 원자나 전자와 같은 기초적인 물리적 실재들은 "유용한 허구"에 불과하다고 말한다. 정신주의에는 내적인 심상들을 외부세계에 연결시켜주는 교량이 없다.

합리주의. 베이컨이 경험주의의 창시자라면, 르네 데카르트(René Descartes)는 합리주의의 창시자다. 경험주의와 합리주의는 철학사에 등장하는 대표적인 두 사조인데, 만물을 인간의 내면적 기능으로 환원시킨다는 점에 있어서는 별 차이가 없다. 데카르트는 인간이 모든 것을 의심한다 하더라도 의심하는 자아가 있다는 것은 의심할 수 없었다. 데카르트에 있어서 명확하고 특별한 마음의 생각이 지식의 기초였다. 일인칭의 관점이 확실성에 이르는 유일한 길이었다. 데카르트에 있어서는 개인의 의식이 하나님의 자리를 대체했다.

경험론과 합리주의는 모두 시공간적으로 제한된 자신들의 자리를 초월하여 절대적이고 신적인 지식, "하나님의 눈으로 본 실재관"에 도달하고자 했다. 그들은 하나님만이 소유할 수 있는 우주에 관한 완전한 이해와 설명에 이르고자 했다. 그러나 결국 신적인 지식의 탐구는 자아라는 작은 우주로 제한되고 말았다. 이 두 사상은 피조세계에 대한 인간의 경험은 초월적인 창조주를 가리키는 이정표(signposts)임을 망각한 것이다.

칸트의 관념론. 칸트는 인간의 정신은 세계의 구조를 반영할 뿐만 아니라 적극적으로 세계에 구조와 질서를 부여한다고 주장했다. 실재는 정신의 구조물이다. 지식이라는 원재료는 감각의 인상들인데, 이 인상들은 뒤죽박죽이 된 혼돈의 상태로 눈과 귀를 통해 마음 안에 밀려들어 온다. 이 인식들이 어떻게 하나의 통전적이고 지성적인 전체로 체계화되는가? 인간의 마음의 창조적 작용을 통하여! 인간의 정신은 진흙을 주형 안에 압축해 넣는 것처럼 감각적인 인식들을 시간순서별로, 혹은 주제별로, 혹은 공간별로 정리한다. 인간의 마음이 자연에 법을 부여한다. 인간의 마음이 피조물에 법을 부과하시는 하나님의 역할을 떠맡는다. 인간의 마음이 시간과 공간의 범주를 감각의 인식에 부과할 때는 시간 밖에 있어야 한다. 칸트는 영원하고 불변하는 마음을 초월적 자아라고 불렀다. 이 자아는 평범하고 경험적인 자아가 아니라 고등한 자아, 보편적인 마음이다. 칸트는 이 초월적 자아가 세운 체계가 완전히, 확실한, 영원히 확립된 토대 위에 세워져 있다고 주장했다. 칸트의 철학은 내가 확실히 아는 것은 나 자신의 마음의 실존뿐이라고 주장하는 유아론(solipsism)이다. 칸트가 제시한 초월적 자아는 결국 신적 대체물인 우상이다.

낭만주의. 많은 예술가들이 선택한 낭만주의는 진리의 궁극적인 토대는 감각(경험론)이나 이성(합리주의)이 아니라 창조적 상상력이라고 보았다. 상상력은 자율적인 힘으로서, 궁극적인 진리를 산출한다. 상상력은 하나님만이 하시는 것으로 간주되어 온 많은 기능들을 하나님을 대신하여 수행한다. 사무엘 콜러리지는 예술적 창조는 유한한 마음 안에서 무한한 자아(실재하는 나, I AM)가 가지고 있는 창조행위를 반복하는 것이라고 보았다. "예술가가 되는 것은 창조주가 되는 것이다"(요한 고트프리드 헤르더). "예술가의 영혼은 사제의 옷을 입었고 성스러운 예배를 위해 뽑힌 자다"(윌리엄 워즈워드). "예술은 새로운 종교이자 거의 오류가 없는 시적 전통의 교회다"(윌리엄 버틀러 위츠).

소결론. 모든 철학은 피조물의 일부 단면을 도려낸 후 그릇된 절대적인 것, 모든 것을 정의하는 유일한 원리로 승격시킨다. 퍼즐 조각 하나를 그림 전체라고 주장하고, 무지개 스펙트럼에 있는 하나의 색을 무지개 전체의 색으로 선언한다. 코끼리의 코를 만진 맹인은 코끼리가 뱀과 같다고 말하고, 상아를 만진 맹인은 코끼리가 창과 같다고 말하고, 꼬리를 만진 맹인은 코끼리가 로프와 같다고 말한다. 반면에 기독교는 피조물로부터 시작하지 않고, 초월적인 하나님으로부터 시작한다. 그러므로 기독교는 초월적인 관점에서 코끼리 전체를 본다.

유물론은 하나님이 창조하신 선한 물리적 우주에 대하여 많은 것을 말하고 있으며, 합리주의는 하나님이 합리적으로 인식 가능한 구조를 가진 세상을 창조하셨음을 지지하고 선한 추론은 하나님을 향한다는 점에서, 경험론은 하나님이 만드신 세계는 감각적 차원을 가지고 있고 그리스도의 부활도 감각적으로 인식될 수 있다는 점에서, 낭만주의는 계몽주의와 인간의 자유와 창조성을 강조한다는 점에서, 모두 부분적으로 타당성이 있는 것은 사실이다. 그러나 이 모든 주의(主義, isms)들은 풍부한 진리의 직물로부터 한 가닥의 실만을 뽑아내는 오류를 범한다.

b. 환원론

창조자를 피조계 안에 있는 어떤 것으로 바꾸면 하나님의 형상으로 창조된 고등한 인간이 피조계 안에 있는 어떤 것의 형상으로 전락된다. 이것을 환원론(reductionism)이라고 한다. 환원론은 더 고등하고, 더 복잡한 수준의 실재를 더 열등하고, 더 단순하고, 덜 복잡한 수준으로 환원시키는 것을 의미한다. 하나님이 사람들로 하여금 우상을 숭배하도록 내버려 두면, 환원주의적 인간관이 나타나는데, 이 인간관은 해롭고 파괴적인 행동의 문빗장을 연다.

추론하고, 사랑하고, 계획하고, 선택하는 능력을 가진 존재가 실재한다는 것은 이 존재를 창조한 제일원인도 같은 능력을 가지고 있어야 한다는 것을 뜻한다. 그러나 타락한 인류는 "이 진리를 막는다"(롬1:18, suppress). 그러나 부분은 너무 제한적이어서 전체를 설명하지 못한다. 그 다음 단계는 무엇인가? 상자에 담겨지지 않는 것을 제거하고, 평가절하하고, 노골적으로 거부하는 것이다. 이와 같이 "진리를 막는" 행동은 깊은 틈을 만든다. 이 틈의 한 쪽에는 상자로부터 삐져나온 것을 "주관적인 환영 또는 정신의 구성물"로 전락시킨다. 환원론자들은 건물의 한 층에서만 살기를 원한다. 예컨대 유물론자는 유물론적 우주 안에서만 살고 싶어 한다. 이들은 물질과 에너지가 참되고, 인식가능하고, 객관적으로 참된 유일한 것들이라고 간주한다. 그리고는 영, 혼, 마음, 도덕, 자유, 사랑, 하나님을 윗 다락방에 던져 넣어 버린다.

제거적 유물론(eliminative materialism)은 정신세계는 실재하지 않으며, 허구일 뿐이라고 주장한다. 정신세계는 바닷물이 만들어내는 거품 혹은 기계가 만들어내는 불꽃과도 같은 것이다. "인간의 기쁨과 슬픔, 기억, 야망, 정체성과 자유의지에 대한 인식은 광대한 신경세포들과 분자들의 군집이 일으킨 운동일 뿐이다"(프란시스 크릭). "자유의지는 무의식적인 물리적 원인들의 결과에 지나지 않는다. 자유의지는 마술사의 속임수인데, 사람들은 알면서도 속아 넘어간다"(다니엘 웨그너). 이 주장의 배경에는 인간의 두뇌가 컴퓨터와 같은 정보처리과정이나 연산을 위한 복잡한 기계라는 관점이 깔려 있다.

제거적 유물론은 발생론(emergentism), 곧 정신적 속성들이 두뇌로부터 발생한다고 보는 관점이다. 문제는 정신의 상태는 물리적 상태와는 다르다는 것이다. 장미는 붉고 가지가 있으나, 장미에 관한 생각은 붉지도 않고 가시도 없다. 물리적 대상은 공개적이지만, 정신적 상태는 관찰되지 않는다. 물리적 상태는 일반적인 인과론을 따르지만, 정신적 상태는 의도, 욕망, 선택을 따른다. 물리적 대상은 대상이 없이 그저 있을 뿐이지만, 정신적 상태는 항상 어떤 대상에 관한 것이다. "의식이 물질로부터 발생한다는 것은 모자로부터 토끼를 끄집어내는 것과도 같다. 생물학적 조직이라는 물로부터 의식의 포도주를 끌어내는 것은 기적과도 같은 것이다"(콜린 맥퀸). 제거적 유물론은 일종의 신앙이며, 우리의 상식적 경험에 비추어 볼 때, 철저하게 비합리적이다. 의식의 실재를 거부하는 것은 인류의 사상사 전체를 꿰뚫어 볼 때 가장 이상한 일이다.

포스트모더니즘. 포스트모더니즘의 뿌리는 낭만주의 운동으로 소급해 올라간다. 쇼펜하우어는 유물론이 자아를 고려하기를 망각한 주체의 철학이라고 비판했다. 문제는 내면적인 의식의 세계도 실재의 일부라는 데 있다. 낭만주의자들은 개인의 마음을 회복시키는 데는 관심이 없었으나, 칸트의 초월적 자아 혹은 보편적 마음의 관념에 매료되어 이를 발판으로 이용하여 범신론으로 나아간다. 낭만주의자들은 우주를 하나의 유기체로 보고, 유물론자들과는 반대로 물질을 정신의 상자 안에 담으려고 한다.

낭만주의는 3세기의 신플라톤주의에 그 뿌리를 내리고 있다. 신플라톤주의는 플라톤의 사상에 동양의 범신론을 접목시킨 것이다. 신플라톤주의에 따르면, 세계는 일자(the One) 혹은 절대자(the Absolute)의 영적 본질이 방사되어 나온 결과물이다. 폭포수가 계단을 타고 내려오듯이 일자는 영적 실재라는 계단으로부터 인간이라는 계단으로, 감각적 피조물인 동물이라는 계단으로, 살아 있는 사물인 식물이라는 계단으로, 그리고 마지막으로는 바위와 같은 사물의 계단으로 내려간다. 영적 생활의 목표는 계단을 거슬러 올라가 일자를 향하여 다시 오르는 것이다. 낭만주의자들은 자연에 혼 혹은 영이 침투되어 있다는 생각에 매료되었다. 절대자는 "세속화된 신성"으로 인격적인 하나님이 아니라 비인격적인 영적 본질일 뿐이다.

신플라톤주의는 헤겔 철학에 의하여 변형된 형태로 계승되었다. 헤겔은 신플라톤주의에 역사적 발전개념 혹은 진화론을 덧입혔다. 신플라톤주의에 있어서 생명의 사다리는 정적이었으나 헤겔에 있어서는 동적으로 바뀐 것이다. 정적 사다리가 절대정신 혹은 보편적 마음으로 올라가는 에스컬레이터로 바뀌었다. 헤겔의 에스컬레이터는 진화론의 영적 버전으로서, 헤겔이 없었다면 다윈이 등장하지 못했을 것이다. 다윈과 헤겔의 차이는 다윈은 진화의 개념을 생물학에 적용한 반면에 헤겔은 관념들의 세계에 적용했다는 것이다. 모든 것이 마지막의 완전한 상태를 향하여 나아가는 광대한 역사적 과정에 사로잡혀 있다. 모든 사건 안에는 이성이 내재해 있다. 역사 안에서 서로 갈등하는 모든 진영들은 부분적이고 상대적인 진리를 가질 뿐인데, 이 갈등은 이성의 상향적 전진과정에서 극복되어 간다. 결국 역사 안에는 항구적인 진리는 없다. 그러나 헤겔은 자기 자신은 신비스럽게도 모든 진화의 과정을 넘어서서 역사적 과정 전체를 객관적이고, 영원하며, 완전한 관점에서 바라보는 존재인 것처럼 글을 쓴다. 헤겔 자신의 사유가 불변하는 신적인 실재로 등극한 것이다.

　정치적 올바름. 포스트모더니즘은 종종 정치적 올바름(political correctness)으로 표현된다. 정치적 올바름은 개인의 정체성을 그가 속한 집단의 관점에서 정의한다. 이 정의는 헤겔에게서 기원한다. 헤겔은 역사의 진정한 행위자는 개인이 아니라 절대정신인데, 절대정신은 공동체의 법, 도덕, 언어, 사회적 관계를 통해 표현된다. 칸트가 말하는 초월적 자아가 헤겔에게 있어서는 집단의식으로 바뀌었다. 헤겔에 있어서 개인들은 자신의 독창적 생각을 가진 자들이 아니라 자기 안에 있는 절대정신의 표현일 뿐이다. 절대정신은 시대정신(zeitgeist)으로 환원된다. 개인은 시대정신의 무의식적인 도구일 뿐이다. 개인은 계급, 인종, 성(gender), 성적 정체성에 기반을 둔 공동체를 위한 대변인에 지나지 않는다. 여기서 우상은 문화 혹은 공동체의 힘이다. 자아는 다양한 공동체의 변하는 관점들이 머무는 자리일 뿐이다. 심지어 과학도 보편적 진리가 아니라 사회적 구성물에 지나지 않는다. 객관적 진리에 대한 주장은 공동체가 자기의 주관적 관점을 모든 사람에게 강요하는 시도이자 억압행위로 인식된다.

　포스트모더니즘이 계몽주의의 자율적 자아의 고독한 개인주의에 대하여 문제를 제기하고, 계몽주의자들이 중립적이고, 영원하고, 가치중립적인 지식을 획득했다는 주장을 비판한 것은 잘한 일이다. 그러나 포스트모더니즘은 진리를 사회적 구성으로 환원시키고, 개인들을 사회적 힘의 꼭두각시로 전락시킴으로써, 인간을 철저히 비인간화시켰다. 유물론이 인간을 물리적 힘의 산물로 환원시킨다면, 포스트모더니즘은 인간을 사회적 힘의 산물로 환원시킨다. 포스트모더니즘은 보편적이고, 객관적이고, 영원한 진리를 거부하면서, 모든 사람의 관점은 특정한 상황 안에 갇혀 있다고 주장한다. 그러나 포스트모더니즘도 특정한 역사적 상황 ─ 후헤겔적 대륙철학 ─ 안에 갇혀 있다.

그러나 기독교는 하나님이 초월적 관점에서 "하나님의 눈으로 본 세계에 관한 전망"을 성경 안에 있는 하나님의 말씀을 통하여 인간에게 계시하셨음을 말함으로써, 영원하고, 보편적이고, 객관적인 참된 진리를 알려 준다.

동양의 범신론적 신비종교. 범신론에서 신은 물질의 배후에 깔려 있는 영적인 통일체, 곧 일자(the One)다. 일자라는 체를 가지고 체질을 할 때 개별자의 다양성과 개별성은 걸러진다. 힌두교에서 개별적 정체성은 마야(maya)라고 불리는데, 마야는 환영이라는 뜻이다. 마야가 악, 이기심, 탐욕, 전쟁의 원인이다. 인간은 명상을 통하여 개별적 자아라는 감각을 해체하고, 우주적 일자, 차별이 없는 모든 것으로 통합된다. 불교가 말하는 열반(nirvana)은 "소멸 된다"는 뜻이다. 그것은 마치 한 방울의 물이 대양으로 통합되는 것과도 같다. 중국 시인 이보는 이렇게 말한다. "산과 내가 함께 앉아 있다. 산(山)만이 남을 때까지." 이보에게서는 '내'가 해체되어 산의 바위로 들어간다. "영원히 존재하는 산을 보고 있노라면 나는 어느 곳에도 보이지 않는다." 이처럼 신은 비인격적인 존재다. 선불교에서 말하는 신은 의식이 없는 비인격적 존재다. 놀랍게도 동양의 신비적 범신론은 유물론으로 귀결된다.

이슬람. 히브리어 토라, 다윗의 시, 복음서를 기독교와 공유하는 이슬람은 삼위일체를 거부한다. 예수는 신이 아니고 알라의 사자(messenger)에 불과하다. 코란은 신의 통일성과 유일성을 강조한다. 신의 유일성을 강조하면 신의 인격성의 요소들이 누락된다. 신이 충분히 인격적이기 위해서는 사랑과 의사소통이 가능해야 하며, 반드시 신은 둘 이상의 복수라야 한다. 신이 하나이면 사랑일 수가 없다. 왜냐하면 사랑은 다른 인격체를 향한 것이기 때문이다. 심지어 아랍어와 고전 이슬람 철학에는 인격이라는 개념 자체가 없다. 따라서 이슬람은 자기를 포기하고 철두철미하게 알라에게 굴복할 것을 요구한다. 이것이 무슬림 예배가 맹목적인 기계적 암송으로 구성되어 있는 이유다. 무슬림 예배자들은 코란의 단어 하나하나를 원아랍어로 암송한다. 이슬람의 영성은 기계적 반복과 비인격성을 특징으로 한다. 대부분의 이슬람교도들은 자신들이 암송한 코란을 조금도 이해하지 못한다. 이슬람은 인격성을 배제한다는 의미에서 환원론이며, 하나님을 저급하게 파악한 결과 인간도 저급하게 평가한다.

환원론의 정치적 표현인 나치즘과 공산주의. 계몽주의 이후로 사람들은 눈이 열려 무지와 미신의 종교가 사실과 이성의 과학에 굴복했다는 믿음을 가져 왔다. 과학은 진보와 자유를 보장해 주는 청사진으로 간주되었다. 그러나 세속주의는 인류를 점증하는 자유로 인도한 것이 아니라 20세기를 사망과 파멸의 피바다로 물들였다. 20세기를 피로 물들인 주체는 국가사회주의(나치즘)와 마르크스주의(공산주의)였다. 국가사회주의와 공산주의의 힘은 곧 우상의 힘이었다. 국가사회주의는 종족의 우상에 사로잡혔고, 공산주의는 경제계급의 우상에 사로잡혔다. 이념 중심의 세계관이 정치의 영역에 적용되면 국가가 규정한 상자에 맞지 않는 사람들은 억압당하거나 죽임 당한다. 나치 이데올로기 정치체제 하에서 2500만 명이 살해당했고, 공산주의이데올로기 정치체제 하에서 일억 명 정도가 살해되었다. 이 두 체제가 자행한 살상은 자신들의 원리를 범한 행동이 아니라 자신들의 세계관의 철저한 구현이었다. 역사가 이사야 베를린(Isaia Berlin)은 모든 철학이 사람들을 오류로부터 해방시킬 것을 약속하는 실재의 모델을 제시했으나, 인간의 경험 전부를 설명하는 데 실패함으로써 사람들을 속박하는 것으로 귀결되었다. 모든 철학이 해방자로 시작하여 독재로 끝났다. 반면에 성경적 세계관은 퍼즐 한 조각을 절대시하지 않고 모든 퍼즐이 맞추어진 모자이크 판 전체를 제시한다. 초월적 하나님을 배제한 세계관에 따라 사는 것은 창문이 없는 콘크리트 벙커 안에서 사는 것과도 같다. 기독교적 세계관을 전하는 것은 이 벙커의 문을 열고 사람들을 나오게 하는 것과 같다.

c. 현실적합성

참된 세계관은 현실을 모두 담을 수 있어야 한다. 현실과 모순을 일으키는 세계관, 현실을 설명하지 못하는 세계관은 제 기능을 할 수 없다.

1) 유물론자는 인간은 자신이 선택을 한다고 생각하지만 실제로는 자연적인 충동에 의하여 추동(推動)되는 것뿐이라고 주장한다. 유물론자에 있어서 인간의 자유라는 것은 환상에 지나지 않는다. 그러나 실제로 인간은 도덕적 자유와 책임을 행사한다. 유물론자는 유물론이라는 상자 안

에 담겨지지 않는 현실을 외면한다. 그 결과 유물론은 두 개의 현실을 다 담을 수 있는 통일된 진리(a unified truth)를 상실한다.

2) MIT의 마빈 민스키(Mavin Minsky)는 인간의 두뇌는 고기로 구성된 3 파운드 무게의 컴퓨터에 불과하다고 말한다. 컴퓨터에게는 선택의 능력이 없다. 그러면 인간도 선택의 능력이 없는가? 인간에게 선택의 능력이 있다는 것은 고대 신화로서 "잘못된 것"이긴 하지만, 이 믿음을 견지하지 않을 수 없다(오웰식의 이중사고). 유물론자들에게 있어서는 물질만이 참되고 진실한 것이다. 그러나 이 주장이 현실을 다 설명하지 못하기 때문에 어쩔 수 없이 "믿음의 도약"을 하여 위 다락방으로 올라간다. 그러나 성경은 신앙을 논리적 근거가 없는 유용한 오류로의 도약으로 보지 않고, "보이지 않는 것들의 증거"(히11:1)로 본다. 사울 스밀란스키(Saul Smilansky)는 자유로운 행위자라는 개념을 문명화된 생활을 가능하게 하는 "행운의 환상", 사회질서를 떠받치는 "필요한 허구"이자 "일관성이 없고 모순된 신념"이라고 말한다. 유물론자라도 유물론적 세계관이 가르치는 것만으로는 살 수가 없다.

리차드 도킨스(Richard Dawkins)에 따르면 인간은 생존기계이며, 유전자에 의하여 맹목적으로 프로그램화된 로봇 기구에 지나지 않는다. 따라서 인간에게 책임을 묻는 것은 아무런 의미가 없다. 그러나 도킨스는 책임이라는 개념이 일관성이 없는 것이긴 하지만, 유물론자도 책임이라는 개념을 가지고 살아야 하는데, 그 이유는 책임이라는 개념이 없으면 삶이 견딜 수 없는 것이 되기 때문이라고 토로했다. 아인슈타인에 따르면, 인간은 자유로운 존재가 아니라 움직이는 별들처럼 인과적으로 매여 있는 존재다. 그러나 인간은 마치 자유의지가 존재하는 것처럼(as if) 살지 않을 수 없다. 왜냐하면 내가 문명화된 사회 안에서 살아가기를 원한다면, 나는 책임 있게 행동해야 하기 때문이다. "마치 …인 것처럼(as if)"이라는 어구는 비합리적인 믿음의 도약을 뜻한다. "마치 …인 것처럼"은 칸트에게서 유래한 용어다. 칸트는 과학은 인간이 물리법칙에 의하여 작동하는 거대 기계의 부품들이라고 결론 내린다. 그러나 도덕을 세우기 위하여 "마치 우리가 자유로운 존재인 것처럼", "하나님이 존재하는 것처럼", "내세가 있는 것처럼" 우리는 살아야 한다. 결국 모든 도덕률은 게으른 꿈에 지나지 않는다. 우리는 여전히 칸트의 그늘 안에 살고 있다. 컴퓨터 과학자 에릭 바움(Eric Baum)은 인간의 마음은 진화의 과정에 의하여 산출된 컴퓨터 프로그램이고 자유의지는 환상이라고 주장했다.

다윈주의자이자 유물론자인 슬링거밴드(Slingerband)는 인간을 로봇으로 보는 자신의 환원주의적 주장이 통상적인 경험과 상반된다는 점을 인정한다. 그는 이 생각이 기괴하고 역겨운 생각이라고 말한다. 그는 이 같은 환원주의적 관점은 정서적인 저항과 혐오감을 불러일으키며, 이런 생각에 대하여 혐오감을 느끼지 않는 자는 "정신병자"(psychopathy)라고 말한다. 그에게 있어서 다원적 유물론과 경험은 심각한 인식론적 충돌을 일으킨다. MIT의 로드니 브룩스(Rodney Brooks)는 인간은 물리학과 화학의 원리에 따라 움직이는 생체분자들로 가득 찬 커다란 가방과도 같은 기계라고 말한다. 그는 자기 자녀들도 기계라고 말한다. 그러나 그는 자기 자녀들을 실제로 대할 때는 기계로 다루지 않고 조건없는 사랑으로 다룬다. 인간을 기계로 보는 유물론적 세계관이 합리적이라면 자녀들을 사랑하는 것은 비합리적인 태도가 된다.

3) 포스트모더니스트들은 실재를 다루는 태도에 있어서 일관성이 없다. 이들은 종교와 윤리문제를 다룰 때는 벽지의 무늬를 선택하거나 메뉴판에서 음식을 고르듯이 철저하게 개인적인 기호나 감정에 따라서 결정한다. 그러나 과학이나 기술의 문제를 다룰 때나 돈을 벌거나 질병치료를 받을 때는, 객관적인 사실적인 지식에 철저히 의존함으로써 자기 자신의 세계관과 모순되는 행동을 서슴치 않는다. 철학자 루이스 듀프리(Louis Dupré)는 현대인은 단편화된 의미들에 의지해서 살아가고 있으며, 자신들을 하나의 전체로 묶어 줄 통합적 전망을 찾지 못하고 있다고 말한다.

세속적 세계관을 가진 자들에게 말할 때 우리는 세속적 세계관이 현실에 대한 토대를 제공하지 못한다는 점을 알려 주어야 한다. 이들이 세속적 세계관이라는 상자 안에 갇혀서는 살 수 없다는 사실 자체가 더 크고, 더 부요한 개념적 우주를 필요로 한다는 증거다. 세속주의는 세속주의자들에게도 너무 작은 틀이다.

d. 세계관의 자살

대표적인 다윈주의자인 마이클 루스(Michael Ruse)는 생물학이 "설계유형적 사고"에 의지하는 것은 불가피하다고 말한다. 생물들은 장기들이 지향하는 목적을 발견해내야 설명될 수 있다. 심장의 목적은 피를 퍼 올리는 것이고, 눈의 목적은 보는 것이고, 지느러미의 목적은 수영을 위한 것이고, 날개의 목적은 비행을 위한 것이다. 이 모든 구성요소들이 통전적이고 협력하는 방식으로 작용하여 목표를 이룬다.

미국의 신경외과 의사 에그노르(Egnor)는 과학적 유물론자임에도 불구하고, 다윈주의는 사람들 사이에 유전자의 일부 형식과 변이를 설명할 수 있을는지는 모르지만, 우연과 필요가 생체의 복잡성을 전혀 설명하지 못한다고 말한다. 에그노르에 의하면 프로이트는 종교가 희망을 성취하려는 시도라고 말하지만, 사실은 무신론이 전형적인 희망성취를 위한 시도라는 점을 지적한다. 왜냐하면 사후에 아무 것도 없다고 주장하는 무신론을 믿으면, 현세 안에서 무슨 짓을 해도 심판을 받지 않으니까 안심할 수 있기 때문이다.

우상에 기반한 모든 세계관은 환원주의적이기 때문에 자살골을 넣게 되어 있다. 환원론이 인간의 마음에 적용되면 이성을 이성보다 열등한 어떤 것 — 자연선택의 산물(다윈주의), 경제적 조건(마르크스주의), 전기화학반응(현대신경과학) — 으로 환원시킨다. 그러나 세계관을 세울 수 있는 유일한 길은 이성을 사용하는 것이다. 이때 이 세계관은 자신의 세계관의 토대를 무너뜨린다. 이 세계관은 자가당착에 빠진다.

논리실증주의는 어떤 진술이 경험적으로 시험해 볼 수 있을 때만 의미 있는 진술이라고 주장한다. 그러나 이 주장 자체는 경험적으로 시험해 볼 수 있는 것이 아니라 형이상학적 규칙일 뿐이다. 따라서 이 진술은 자가당착이 된다.

마르크스는 진리에 대한 진술은 경제적 이익의 합리화에 불과하다고 말한다. 법은 부자가 자기 재산을 보호하기 위해 고안해낸 것이고, 종교는 가난한 자를 행복한 사후생활이라는 거짓된 약속으로 위무하는 인민의 아편이라는 것이다. 그러나 마르크스 자신의 주장도 경제적 이익의 반영이 아닌가?

프리드리히 니체(Friedrich Nietzsche)는 모든 인간의 행동은 권력에의 의지에 의하여 추동된다고 말한다. 도덕은 강자를 견제하기 위해 약자가 고안해낸 것이고, 종교는 사람들을 통제하기 위한 "거룩한 거짓말"이다. 그렇다면 니체 자신의 이론도 권력에의 의지에 의해 추동된 것이 아닌가? 프로이드는 인간의 사상은 무의식적인 정서적 필요에 의해 형성되었다고 주장한다. 인격성은 어린 시절의 배변훈련에 의해 형성된 것이고, 많은 인간의 행동이 성적 억압의 결과라고 한다. 그러면 프로이트 자신의 이론도 무의식적인 정서적 필요 — 성적 억압 — 의 결과가 아닌가?

스키너(B.F. Skinner)는 인간은 자극에 반응하는 기계에 불과하다고 주장한다. 그러면 그의 이론도 자극에 대한 반응에 불과한 것이 아닌가?

이들은 모두 "의심의 해석학"의 방법론을 채용한 자들로서 "의심의 대가들"이다. 이들이 논리적으로 일관성이 있으려면 자기의 견해에 대해서도 의심해 보아야 한다. 그러나 이들 중에 누구도 자기의 견해에 대하여는 의심하지 않는다.

인간이 타락한 존재이고 인간의 마음이 만물보다 거짓된 것(렘17:9)이기 때문에 때로는 의심의 해석학이 필요하다. 그러나 의심의 해석학은 환원주의적이다. 이 해석학은 진리의 주장을 권력과 욕구의 문제로 환원시킨다. 우상기반의 세계관주의자들은 자신들은 모든 사람들을 장악하고 있는 힘들을 넘어서 있는 사람들인 것처럼, 자신들은 실재에 대하여 오염되지 않은 통찰에 이른 것처럼 행동한다. 이들은 온 우주를 상자 속에 구겨 넣으면서도 자기 자신은 상자 속에 갇히지 않은 것처럼 행동한다.

반면에 기독교적 세계관은 환원주의적이 아니다. 기독교적 세계관은 이성을 이성보다 열등한 것으로 환원시키지 않는다. 기독교적 세계관은 초월적 창조자로부터 시작하는데, 초월적 창조자는 말씀으로 우주를 창조하셨다(창1:3; 요1:1). 말씀인 로고스는 말씀을 의미할 뿐만 아니라 이성이라는 뜻도 있다. 여기서 이성은 이 세상을 무작위성이나 혼돈과는 반대되는 질서 있는 세계로 통일시키는 원리다.

성경적 세계관은 두 가지 중요한 함의를 지닌다. 첫째로, 우주의 지성적 질서는 창조주의 마음을 반영한다. 둘째로, 하나님의 형상으로 창조된 인간의 마음은 우주의 질서에 조응한다. 인간과 세계 사이에는 들어맞는 것이 있다(알빈 플라팅가). 인간이 타락하여 손상되었음에도 불구하고 이와 같은 특징은 상당부분 유지된다.

C. S. 루이스(C. S. Lewis)에 따르면, 마음이 두뇌의 생화학적 작용, 원자들의 무의미한 흐름에만 의존한다면, 나무들 사이를 지나가는 바람소리가 아무런 의미도 지니지 않는 것처럼 인간의 사유도 아무런 의미도 지니지 못할 것이다. 그러면 무신론으로 향하는 논증도 신뢰할 수 없을 것이다. 그러면 무신론자 혹은 유물론자는 이와 같은 자살골을 어떻게 피해 가는가? 자신들의 이론을 "암묵적 예외"로 취급함으로써! 존재하는 모든 것이 물질이라면, 이 주장 자체도 물질, 무의미한 파동에 불과한 것이 아닌가?

인간의 모든 사상이 진리로서의 가치가 아닌 생존가 때문에 선택된 것이라면, 이 주장 자체도 생존가 때문에 살아남은 것이 되어 버린다.

다윈은 우주가 우연의 산물이 아니라 마음과 비슷한 지성을 가진 제일원인인 창조주에 의해 만들어졌다는 "공포스러운 의심"(horid doubt)을 가졌으나, 이 의심을 "하등동물로부터 발달된 마음이 그런 장엄한 결론을 끌어내는 것"을 의심할 때만 적용하고, 그런 장엄한 결론을 끌어내는 인간의 마음이 하등동물로부터 발달되어 나오는 것이 가능할까 하는 공포스러운 의심은 외면했다.

무신론 과학자들도 합리성에 의거하여 과학 활동을 한다. 그러나 그는 합리성의 토대 ― 지성적인 존재로서의 창조주 ― 를 상실했다. 결국 현대인은 과학에 위기를 가져 왔다. 오직 성경적 세계관만이 과학에 적합한 인식론을 제시한다. 1) 합리적인 하나님이 지성적 구조를 가진 세계를 창조하셨다. 2) 하나님이 자기 형상으로 인간을 지으셨다. 따라서 인간은 세계의 지성적 구조를 해독할 수 있다.

포스트모더니스트들은 특정한 사회적 집단을 절대화한다. 특정한 사회적 집단은 언어를 통하여 자신을 표현한다. 각 공동체는 그 공동체에서만 통용되는 언어규칙을 가지고 있다. 이 언어규칙을 작은 설화(little narrative)라고 한다. 포스트모더니스트들은 작은 설화들은 인정하지만 보편적 설화 ― 형이상 설화 ― 는 부인한다. 그러나 포스트모더니스트들의 주장에 따르면 보편적 설화가 없다는 주장 그 자체가 작은 설화의 관점에 지나지 않으므로 보편적 진리가 아닐 수밖에 없다. 포스트모더니스트들은 "실행적 모순"(perfomative contradiction)을 벗어날 수 없다. 실행적 모순이란 행동을 하면 그 자체가 바로 모순이 되는 경우를 가리킨다. 예컨대 "나는 한국어를 못한다"고 한국어로 말하는 경우나 "나는 존재하지 않는다"고 말하는 경우가 이에 해당한다.

포스트모더니즘이 문학이론에서는 해체주의(deconstructionism)로 나타난다. 개인은 공동체상의 회원 됨으로 구성된다. 따라서 개인은 독창적인 사상을 가질 수 없고, 그들이 속한 공동체의 사상을 반영할 뿐이다. 롤란드 바르테즈(Roland Barthes)는 문학작품은 주변문화로부터 추출한 인용문들로 짠 직물에 불과한 것으로 보았다. 이때 저자는 죽는다. 따라서 문학

비평은 본문의 이면으로 들어가 충돌하는 의미들을 발굴해내어 해체하고자 시도한다. 만일 모든 작품이 공동체로부터 도출해낸 충돌하는 인용문들의 집합체이기 때문에 저자의 죽음이 불가피하다면, 바르테즈의 위 주장을 담은 작품도 "저자의 죽음"을 피할 수 없다. 포스트모더니스트들이 형이상설화를 반대하는 이유는 나치즘이나 공산주의에서 볼 수 있는 것처럼 어느 한 종족의 형이상 설화를 전체로 확장되었을 때 폭정이 나타났기 때문이다.

포스트모더니즘은 다양성을 강압적으로 억압하는 태도로 나타난다. 포스트모더니즘은 다양성을 최우선적인 가치로 강조한다. 전체주의가 큰 형이상 설화로부터 나타났다면, 권력집중을 막는 길은 작은 다양한 설화들을 강조하는 것이다. 그러나 단지 인종, 계급, 성과 같은 특정한 그룹의 작은 설화들만 선정되고, 지성적, 정치적, 신학적 다양성이 포스트모더니즘과 충돌하면 배제된다. 또한 포스트모더니즘이 추구하는 특정한 다양성을 공유하지 않으면 정치적 올바름이라는 명목으로 특정한 언어코드, 감수성 훈련, 금서 등의 폭정을 동원하여 강압한다. 다양성을 위한 운동 자체가 강압적인 폭정으로 나타난다.

미셸 푸코(Michel Foucault)에 따르면, 통전적인 자아에 대한 우리의 감각은 과거의 사건들의 "텅 빈 종합", 곧 허구적인 것이다. 그러나 우리의 정체가 허구적이라면, 푸코는 누구이며, 그의 책에서 말하는 주체는 누구인가? 더욱이 통전적 자아의 실재를 거부하는 것은 일상적인 경험에 배치된다. 우리는 아무리 많은 삶의 변화를 만나도 하나의 지속적인 자아를 인식한다. 통전적 자아에 대한 우리의 인식은 보편적인 인식인 것이다.

e. 성경적 세계관 형성을 위한 전략적 출발점들

보편적이고 영구적인 도덕법의 실재를 거부하는 도덕적 상대주의자들은 자신들은 관용적이고 다른 사람을 판단하지 않기 때문에 도덕적으로 우월하다고 말하고, 편견에 빠져 있고 닫힌 마음을 가진 사람들과 자신들은 다르다고 말한다. 이들은 고도로 비판적이고 정죄하는 태도를 취한다. 이런 태도는 인간이 하나님의 형상으로 창조되었기 때문에 생득적 도덕적 감각을 가지고 있다는 로마서 2장 15절의 진술의 진실성을 뒷받침한다.

인간은 확실한 지식을 가질 수 없다고 주장하는 회의주의자들도 일상생활에서는 참된 지식을 가지고 있는 것처럼, 예금통장을 보고 숫자가 맞는가를 확인한다. 물질적 세계, 인과관계(불은 덥히고, 얼음은 식힌다), 자기 자신의 인격적 실재 등을 부인하지 않으며, 이것들을 부인하는 자들을 미친 사람으로 취급한다. 흄은 극단적인 회의주의자이지만 일상생활의 직업에서는 회의적 의심이 연기처럼 사라진다고 말한다. 이들은 기독교적 인식론이 참이기나 한 것처럼 행동한다. 이들은 인간은 하나님의 형상으로 창조되었으며, 인간의 마음과 감각은 하나님의 세계 안에서 기능을 발휘하도록 설계되었다는 성경적 인식론이 참인 것처럼 행동한다.

서구인들은 평등이나 보편적 인권 같은 숭고한 이상들을 견지하는 것을 자랑스러워 하면서도 인간의 자유를 부인함으로써 인권과 같은 도덕적 이상들의 기초를 제공하지 못했다. 철저한 다원주의 철학자인 리차드 로티(Richard Rorty)는 진화는 적자생존의 원리에 따라 진행되기 때문에 보편적 인권개념이 진화로부터 나올 수가 없다고 보았다. 이 개념은 인간이 하나님의 형상으로 창조되었다는 종교적 주장으로부터만 나올 수 있다. 로티는 자신이 "공짜로 빌려다 쓰는 무신론자"(a free-loading atheist), 곧 기독교의 개념을 자유롭게 가져다 쓰는 무신론자임을 자처했다.

법칙이라는 개념은 창조자이자 법수여자이신 하나님에 대한 히브리-기독교 신앙에 뿌리를 내린 개념으로서, 기독교적 전제가 깊이 침투해 있었던 중세시대의 유럽에서 등장한 용어였다. 이 용어는 다른 문화권에서는 등장하지 않았다. 폴 데이비스(Paul Davis)에 의하면 뉴턴과 같은 초기 과학자들은 과학을 우주 안에 있는 하나님의 작용의 흔적을 발견하는 수단으로 보았다. 유물론적인 혹은 자연주의적인 세계관은 이 질서를 설명하지 못한다. 우주가 비합리적 과정이라면 왜 우주가 합리적 질서를 가져야 하는가? 우주가 (하나님의) 마음의 산물이라면 인간의 마음이 왜 우주를 이해할 수 없는가?

토마스 네이글(Thomas Nagel)은 다윈은 환원론으로 귀결되었기 때문에 거의 확실히 잘못되었다고 말한다. 다윈주의 이론은 인간 설계자도 설명할 수 없고 도덕지식과 과학지식도 설명하지 못한다. 네이글은 인식론적 불일치에 갇힌다. 한 편에서 그는 환원론을 이데올로기 이론이 상식을 누르고 승리한 것에 지나지 않는다고 조롱하는 태도로 폄하하면서 환원론을 받아들이지 않는다. 하나님의 존재가 다윈주의가 설명할 수 없는 마음과 지성을 설명해 준다. 그러나 그는 유신론적 설명을 거부한다. 그 이유는 지성적인 것이 아니라 감정적인 것이다. 그냥 싫다는 것이다. 그러나 기독교 세계관의 장점만은 취하고 싶어 한다. 그는 기독교 세계관으로부터 공짜로 빌려다 쓰는 것이다.

의사이자 유물론자이자 무신론자인 레이몬드 탈리스(Raymond Tallis)는 진화론이 답하지 못하는 질문 4개를 제시한다. 첫째로, 시각이 없는 물리적 힘이 시각이 있는 인간을 어떻게 산출했는가? 둘째로, 자연의 힘이 그 힘 밖에서 그 힘을 이용하는 인간을 어떻게 창조했는가? 셋째로, 우주가 어떻게 마음이 없고 목적도 없는 과정을 통해서 우리를 산출했는가? 넷째로, 설계되지 않은 과정이 어떻게 설계자를 산출할 수 있는가? 그러나 탈리스는 기독교만은 철저하게 거부한다.

철학적 상담학(philosophical counseling)은 철저하게 지성적 방법을 사용하여 영성을 산출하려고 한다. 철학적 상담학은 종교가 구원의 교리인 것을 공짜로 빌려다가 철학을 구원의 교리로 정의한다. 철학을 받아들이는 것은, 곧 종교적 회심을 뜻한다. 철학적 상담은 추종자들을 모아 교회를 만들기도 한다.

과학주의(scientism)도 하나의 우상이다. 과학주의는 과학이 진리의 유일한 원천이라고 주장함으로써 환원주의에 빠진다. "과학은 만물의 척도다"(윌프리드 셀라스). "과학이 발견하지 못하는 것은 인류도 모른다"(버트런드 러셀). 문제는 이 진술이 과학에 의하여 발견된 것인가 하는 것이다. 명백히 아니다. 이 진술은 과학이 확립할 수 있는 범주를 넘어 선 형이상학적 가정이자 참된 지식이 무엇인가에 대한 자의적 정의에 기초하고 있을 뿐이다. 과학주의는 오늘날 가장 대중적인 우상이다. "오늘날은 과학자들이 안다"는 주장은 경쟁관계에 있는 다른 주장들을 잘라낸 환원적인 주장이다. 과학이 신화가 되어 버린 것이다.

다윈주의와 설계론

a. 허위로 얼룩진 다윈주의 근거들

다윈주의의 증거로 가장 널리 인용되는 것은 남미 해안의 갈라파고스 군도에 사는 핀치 새의 변이현상이다. 이 새의 부리의 크기가 서식환경에 따라 변했다. 다윈주의자들은 핀치 새의 부리가 변하는 것을 진화의 증거로 제시했으나 이 변화는 건조한 시기에 먹이는 크고 거친 씨앗 밖에 없으므로 더 큰 부리를 가진 새들이 더 많이 살아 남았고, 비가 와서 씨앗의 크기가 줄어들면 부리가 작은 새들도 살아남은 것일 뿐, 부리가 진화된 것은 아니었다.

초파리에게 방사선이나 유독성 화학물질을 쪼여서 변이를 시도하는 실험을 했을 때 100% 기형으로 되었을 뿐, 기능이 더 나은 초파리로 변이되지 않았다.

영국 산업혁명 시대에 얼굴나방이 검게 그슬린 나무에 앉아 새들의 눈에 쉽게 띠어서 쉽게 잡아 먹혔기 때문에 잡아먹히지 않도록 검은 색으로 변했다는 주장이 등장했으나 얼굴나방은 나무에 앉지 않는다는 사실이 확인되어 이 논문은 조작임이 드러났다.

가장 유명한 날조는 열렬한 다윈주의자인 에른스트 헤켈(Erst Haekel)의 배아그림이다. 이 그림은 중고등학교 교과서에까지 실렸다. 이 그림은 어류, 양서류, 파충류, 조류, 인간의 배아들을 비교해 놓은 그림이다. 그런데 헤켈은 이 그림에서 인간의 배아를 조작하여 다른 동물들의 배아와 비슷하게 보이도록 그려 넣었다.

다윈이론의 핵심은 방대한 기간에 걸쳐 이루어진 작은 적응들(이것을 소진화라고 부르기도 하는데, 이것은 진화가 아니다)을 근거로 대진화를 설명할 수 있다는 것이다. 그러나 화석기록은 첫째로, 단순한 단계에서 복잡한 단계로의 과정을 지지하지 않으며, 둘째로, 암석에 기록된 생명 형태는 갑자기 등장하고 이어서 긴 안정기로 접어드는데, 그 기간에는 전혀 변화가 없다. 소, 개, 고양이의 경우에 각각의 집단에서 다른 집단으로의 변화는 없다. 이것을 단속평형설이라고 한다.

돌연변이는 기능이 더 개선된 상태로 변하게 하지 못하고 항상 해롭거나 치명적인 상태로 변화시킨다. 진화론은 과학이 아니라 논리적 추론(상상)에 근거한 일종의 철학이며 종교다.

b. 설계자이신 하나님

진화론에 대응하여 존슨(Philip E. Johnson)의 우산 아래 지적 설계운동이 시작되었다. 어떤 설문조사에 따르면, 미국인이 하나님을 믿는 첫째 이유는 이 세계에서 훌륭한 설계와 복잡성을 보기 때문이라고 응답한 비율이 기독교가 위안과 위로를 주기 때문이라고 응답한 비율보다 3배 정도 높았다. 대다수의 신자들에게 신앙의 근거가 되는 것은 이성적 직관이었다. 사람들은 우주가 어떤 사고의 힘을 가진 지성 또는 창조주의 손을 시사하고 있기 때문에 하나님이 존재한다고 확신하는 것이다.

1) 러시모어의 산. 사우스 다코다 주의 산악 지대의 암벽에는 네 명의 대통령 얼굴 조각이 있다. 사람들은 이 조각을 보고 바람과 비의 침식작용이라고 생각하지 않고 직감적으로 어떤 예술가의 작품임을 알아차릴 것이다.

2) 환원 불가능한 복잡성. 세포는 고도의 분자기계장치들로 가득 차 있는데, 이 장치들은 인간이 고안해낸 어떤 것보다도 훨씬 더 복잡하다. 부품이 맞물려 조화롭게 움직이는 시스템은 모든 부품이 제 자리에 있는 다음에야 비로소 작동할 수 있기 때문에, 부품이 하나씩 점차적으로 나타나는 게 아니라 모두가 동시에 그 자리에 조립되어야 한다(보잉747기). 박테리아의 편모에는 연결고리, 구동 축, 링, 고정자, 산으로 구성된 회전모터가 달려 있는데, 이 모터는 자동차 엔진과 구조가 같으며, 1분에 10만 번 회전하여 동력을 얻는다. 다윈은 이런 복잡성을 전혀 몰랐다. 다윈 시대에는 팔, 다리, 지느러미 등의 내부 작동방식을 몰랐기 때문에, 곧 생화학이 발달하지 않았던 때였기 때문에 지느러미에서 다리가 나온다는 생각을 할 수 있었다. 지금은 이런 주장을 하는 자가 없다.

3) 골디락스 딜레마.

4) 우연이론. 타자기 앞에 무수히 많은 숫자의 원숭이들이 앉아 있다. 이들에게 무한한 시간이 주어지면 쉐익스피어의 작품들을 타자로 쳐낼 수 있는가? 여섯 마리의 원숭이들을 대상으로 한달 동안 계속된 실험에서 원숭이들은 인간의 언어에 속한 단어 비슷한 것을 쳐내지 못했다. 생명의 필수조건인 분자들은 훨씬 더 창조하기 어렵다. 플라스크에 화학물질을 넣고 전기 스파크를 일으킨다고 해서 생물학적으로 중요한 결과가 산출되지 않는다. 우연의 사건들은 정보를 창조하기는커녕 정부를 아무렇게나 섞어 버리는 경향이 있다.

5) 자연법칙. 자연법칙은 생명의 기원을 설명해 주는가? 자연법칙은 생명을 발생시키지는 않는다. 왜냐하면 법칙은 규칙적이고 반복가능하며 예측할 수 있는 사건들을 묘사하기 때문이다. 어떤 메시지 안에 있는

철자들의 순서는 불규칙하고 반복되지 않는 것들로서 어떤 법칙의 결과일 수가 없다. 예컨대 Hamlet이라는 단어의 철자는 어떤 법칙의 결과가 아니다. 철자들은 너무나 다양한 배열방식으로 합쳐지고 또 합쳐져서 온갖 단어와 문장을 만든다. DNA의 코드가 어떤 법칙이나 공식을 따른다면 자동적으로 몇 개의 패턴으로 정렬될 것이고, 극히 적은 생물 정보만 저장하게 될 것이다. 그런데 DNA는 브리태니커 백과사전 전집 30권보다 더 많은 정보를 간직한다. 어떻게 이것이 가능한가? DNA의 철자들을 어떤 특정한 패턴으로 정리하게 하는 법칙이 없기 때문이다.

6) 설계. 설계의 특징은 이미 규정된 패턴에 맞는 불규칙한 순서다. 메시지는 그것을 운반하는 데 사용되는 물질적 매체로부터 독립되어 있다(정보이론). 무슨 물질을 사용하든 간에 메시지 자체는 변함이 없다. DNA 분자는 매체이지 메시지가 아니다. 시험관에서 화학물질을 섞어서 생명을 만들려는 시도는 스위치와 전선을 용접하여 인도우 시스템을 만들려는 것과 같다.

7) 지정된 복잡성. 첫째로, 우연은 단순한 질서 정도는 설명할 수 있지만, 설계의 산물은 우연으로 설명하기에는 너무 복잡하다. 둘째로, 법칙들은 규칙적인 패턴을 묘사하지만, 설계의 산물은 불규칙한 패턴을 보여준다. 셋째로, 그 패턴은 미리 지정된 것이다. 예컨대 GIFT라는 단어의 경우에 철자의 연속을 정하는 규칙은 없다. 이 단어는 영어에서는 선물, 독일어에서는 독(毒), 노르웨이어에서는 기혼(既婚)을 뜻한다. DNA의 철자들의 연속은 어떤 화학적인 규칙에 따라 배열된 것이 아니다. 특정한 배합과 관련하여 의미를 정해주는 자연적인 힘은 존재하지 않는다. 언어적 관습과 문법의 규칙은 화학적 반응에서 나오는 것이 아니라 정보와 지성

이 속한 정신 영역으로부터 온다. DNA구조는 언어 및 컴퓨터 프로그램의 구조와 정확하게 일치한다.

DNA 안에 있는 순서는 무작위(우연)도 아니고, 규칙적(법칙)인 것도 아니다. DNA는 설계의 특징인 "지정된 복잡성"을 보인다. 현대의 유전학은 생명을 신적 말씀이 들려주는 거대한 이야기라는 것, 곧 생명의 텍스트를 쓴 저자가 있다는 것을 알려 준다. 창조에 관한 성경의 가르침은 개인적이고 주관적인 가치관이 아니라 객관적인 진실이다. 다윈주의자들은 기독교를 거짓이라고 공격하는 것이 아니라 객관적 진실의 영역에서 추방하여 주관적인 가치의 영역으로 집어넣는 것이다. 다윈주의자들은 유물론적 과학의 지배구조를 위협하지 않는 한 기독교가 실체가 없는 상징이라는 작은 다락방에 머무르는 것을 마지못해 허용한다.

c. 다윈주의의 확장: 진화심리학과 실용주의 철학

다윈주의는 과학의 테두리를 넘어서서 삶의 모든 영역을 지배하는 보편성을 추구한다. 사회생물학의 최신판인 진화심리학은 자연선택이 인간의 몸을 산출했다면 인간의 믿음과 도덕을 포함한 인간행위의 모든 측면도 자연선택의 산물이라고 설명한다. 신경체계가 어느 정도 복잡한 수준까지 진화했을 때 뇌가 빠지기 쉬운 기능 불량 상태가 종교라고 한다.

그러나 인간 안에 있는 도덕이 자연선택에 의해 진화된 것을 지지하는 증거는 하나도 없다. 하지만 진화론적 전제를 받아들인 다음에는 증거 여부가 별로 문제되지 않는다. 다윈주의자들은 강간은 생식의 성공을 극대화시키려는 진화론적 적응현상이며, 어미들의 감정적 회로가 특정한 상황에서 유아살해를 감행하도록 진화해 왔다고 설명한다. 그러나 유아살해가 진화에 의해 선택된 것이라는 증거나 유전적 특질이라는 증거는 없다. 다윈의 이야기는 멘델의 법칙 상의 증거가 아니다. 어디까지나 하나의 이야기일 뿐이다. 그런데 일단 다윈주의를 수용하고 나면 일관성을 유지하려는 압력을 받게 되며, 문화의 전 영역에 적용하지 않을 수 없게 된다. 보편적 다윈주의에 대응하여 그리스도인들은 보편적 설계를 내놓아야 하고 설계론이 포괄적인 기독교 세계관을 내어 놓아야 한다.

도킨스는 유전자들이 인간의 몸과 정신을 창조했고, 인간은 유전자들이 스스로를 영속시키기 위해 만든 복잡한 로봇에 불과하다고 말한 다음에, 갑자기 신앙의 도약을 감행하여 인간이 유전자라는 주인으로부터 반항할 힘을 갖고 있다고 선언한다. 이것은 자가당착이다. 어떻게 기계가 자신의 창조자인 DNA에 대항하여 일어설 수 있을까? 자유의지와 도덕은 부인할 수 없는 실재이며, 이것이 없이는 삶을 영위하는 것이 불가능하다.

진화론은 미국으로 건너가 철학에도 영향을 끼쳤다. 철학적 실용주의가 바로 그것이다. 철학적 실용주의는 만일 생명이 진화한 것이라면 인간의 정신도 진화했을 것이고, 따라서 모든 인문과학이 진화론의 토대 위에서 다시 세워져야 한다고 주장한다. 철학적 실용주의는 존 듀이, 윌리엄 제임스, 찰스 샌더스 퍼스, 올리버 웬델 홈즈에 의하여 전개되었다. 이들의 목표는 다윈의 자연주의를 완전한 세계관으로 전환시켜 전통적 기독교에 대항하는 것이었다.

실용주의자들은 인간의 정신은 물질을 초월한 것이 아니라 물질에 의해 만들어진 것이라는 다윈의 견해에 동의했다. 이 주장은 정신이 물질에 우선하는 것으로 보는 유신론을 뒤집어엎었다. 개념이나 확신은 생존을 돕는 도구일 뿐, 사자의 이빨이나 발톱과 다를 바 없는 것이며, 생각이란 일을 해내기 위한 정신적 도구에 지나지 않는다고 보았다. 윌리엄 제임스에 의하면 진리는 생각의 현금 가치였다. 어떤 생각이 보상을 제공할 경우에 진리라고 부른다. 생각이란 정신적인 생존전략일 뿐이며, 우리의 사고방식에서 참된 것이란 곧 편리한 것이며, 옳은 것은 편리한 것을 뜻한다.

실용주의자들은 서구사상을 오랫동안 괴롭혀 온 사실과 가치의 분할을 극복하고 두 영역을 다시 통합하고자 했다. 이들은 두 영역을 통합시키기 위한 전략 모델로 다윈을 선택함으로써 오히려 자연주의를 강화시켰다.

실용주의는 신학에서는 과정신학으로 나타났다. 과정신학은 하나님의 세계가 끊임없는 변화와 진화의 과정을 거치고 있다고 생각했다. 인간은 하나님을 창조하는 공동창조자이기도 하다. 과정신학은 하나님을 진화의 맥락 속에 둠으로써 전통적 유신론으로부터 완전히 벗어났다.

올리버 웬델 홈즈 2세는 철학적 실용주의를 법에 적용하여 법적 실용주의를 제시했다. 법이란 서로 경쟁하는 이익 집단들 간의 "적자생존"의 산물이라고 보았다. 전통적인 서양법철학은 법의 기초를 자연법에 두었던 데 반하여, 홈즈는 특정한 시대와 문화와 완전히 상관관계에 있는 것으로 취급했다. 그러므로 판사들은 과거로부터 해방되어 가장 잘 작동할 만한 사회정책을 반영하는 방향으로 법을 자유로이 바꿀 수 있다고 보았다. 그러면 법을 바꾸는 기준은 무엇인가? 그 법이 낳은 실제적인 결과, 곧 법이 낳은 사회적 효용이 그 기준이다. 법이 사회공학을 위한 도구로 환원된 것이다. 그 대표적인 판결이 1973년의 로 대 웨이드 판결이었다.

이 판결은 낙태는 "인구증가, 오염, 가난 인종 등" 문제들을 고려해야 한다는 다수 의견에 기반한 판결이다. 법정 실증주의가 계속된다면 생명윤리 문제에 있어서 제2, 3의 로 대 웨이드 판결이 반복될 것이다.

존 듀이(John Dewey)는 기독교신자였는데, 점차 신앙을 잃어 갔다. 그는 대학에서 독일 관념론의 영향을 받은 자유주의 신학을 접하면서 영적으로 내리막길을 걷기 시작했고 사회복음을 받아 들였다. 마침내 듀이는 희미한 형태의 기독교마저 내버리고 자연주의 철학을 채택했다. 듀이는 교육은 인간이 과학적 탐구를 통해서 환경을 통제하려는 생물학적 유기체에 불과하다는 것을 발견하도록 지도하는 것이라고 보았다.

학생들을 가정과 교회에서 배운 도덕적 표준으로부터 해방시키고 나면, 남는 것은 그들의 주관적 선호밖에 없다. 오늘날의 도덕교육은 과거 모든 문명에 영감을 불어 넣었던 위대한 도덕적 이상을 가르치는 것이 아니라 자기 나름의 주관적 감정과 가치관을 탐구하도록 훈련시키는 것을 의미한다. 지식이 사회의 구성물이라면 교육 목표는 학생들에게 자기 나름의 지식을 구성하는 법을 가르치는 것이다. 30명의 학생들이 서로 다른 30개의 대답을 내도 다 옳은 대답으로 간주된다. 구성주의에서는 어떤 생각들이 옳다고 하지 않고 유효하다고 말한다. 실용주의의 문제점은 실용성이 없다는 것이다. 실용주의가 군림하면 철장갑과 기관총이 형이상학적 진리를 결정하는 궁극적인 권위자로 자리 잡는다.

실용주의가 추구하는 바, 사실과 가치가 통합된 준거점을 회복하기 위해서는 창조의 개념을 분명히 회복해야 한다. 단 하나의 실재, 단 한 분의 전지전능한 하나님이 이 세계를 창조하셨다는 사실을 전제해야 진정한 지식의 통합을 이룰 수 있다. 기독교인은 기독교가 사실의 영역으로부터 가치의 영역으로 밀려나는 일이 없도록 해야 한다. 기독교인은 그리스도의 주되심과 리더십 아래 삶의 모든 영역을 가져오도록 노력해야한다.

더 읽을 문헌

* Nancy R. *Pearcey. Finding Truth: 5 Principles for Unmasking Atheism, Secularism, and Other Substitutes.* David C Cook: Colorado Springs, 2001.
* –––––. 홍병룡 역. 〈완전한 진리〉. 서울: 복 있는 사람, 2006.